LUNCH TO GO

für Faule

LUNCH TO GO

für Faule

Text: Martin Kintrup
Fotos: Coco Lang

DIE GU-QUALITÄTS-GARANTIE

Wir möchten Ihnen mit den Informationen und Anregungen in diesem Buch das Leben erleichtern und Sie inspirieren, Neues auszuprobieren. Bei jedem unserer Bücher achten wir auf Aktualität und stellen höchste Ansprüche an Inhalt, Optik und Ausstattung. Alle Rezepte und Informationen werden von unseren Autoren gewissenhaft erstellt und von unseren Redakteuren sorgfältig ausgewählt und mehrfach geprüft. Deshalb bieten wir Ihnen eine 100 %ige Qualitätsgarantie.

Darauf können Sie sich verlassen:
Wir legen Wert darauf, dass unsere Kochbücher zuverlässig und inspirierend zugleich sind.
Wir garantieren:

- dreifach getestete Rezepte
- sicheres Gelingen durch Schritt-für-Schritt-Anleitungen und viele nützliche Tipps
- eine authentische Rezept-Fotografie

Wir möchten für Sie immer besser werden:
Sollten wir mit diesem Buch Ihre Erwartungen nicht erfüllen, lassen Sie es uns bitte wissen! Wir tauschen Ihr Buch jederzeit gegen ein gleichwertiges zum gleichen oder ähnlichen Thema um. Nehmen Sie einfach Kontakt zu unserem Leserservice auf. Die Kontaktdaten unseres Leserservice finden Sie am Ende dieses Buches.

GRÄFE UND UNZER VERLAG
Der erste Ratgeberverlag – seit 1722.

KV

143 EINKAUFSZETTEL
auch zum Download auf
www.gu.de/kochenfuerfaule

LUNCH-TO-GO-KNOW-HOW

8 Die Basics
10 Die perfekte Verpackung
11 Das perfekte Finale

FINGERFOOD-SNACKS

14 Die schnellen 4 für leichtes Fingerfood
16 Feta-Melonen-Spießchen
18 Caesar-Quinoa-Salatherzen
20 Reiswaffelbällchen
22 Sommerrollen
24 4 x originelle Dips ...
26 Gefüllte Mini-Paprika
28 Gurkenschiffchen mit Thunfisch
30 Vegetarische Cig-Köfte

HANDLICHE SATTMACHER

34 Die schnellen 4 für handlichen Brotgenuss
36 Knäcke-Bruschetta
38 4 x Herzhaftes aufs Brot ...
40 Schinken-Spiegelei-Ecke
42 4 x trendy Bagels ...
44 Puten-Piccata-Ciabatta
46 Honig-Halloumi-Pita
48 Feta-Thunfisch-Wraps
50 Avocado-Garnelen-Wraps

LUNCH-SALATE

54 Die schnellen 4 für knackigen Salatspaß
56 Pfirsich-Avocado-Caprese
58 Brokkolisalat mit Pecorino
60 4 x geniale Schicht-Salate ...
62 Kartoffelsalat mit Flusskrebsen
64 Matjessalat mit grünen Bohnen
66 Bohnensalat mit Feta
68 Cappelletti-Salat mit Erbsen
70 Glasnudelsalat mit Hack
72 4 x geniale Buddha-Bowls ...

FEINES FÜR DEN LÖFFEL

76 Die schnellen 4 für feines Löffelglück
78 Süßkartoffel-Kokos-Suppe
80 Kartoffel-Spargel-Suppe
82 Marokkanische Gemüsesuppe
84 Mie-Nudelsuppe mit Garnelen
86 4 x superschnelle Suppen ...
88 Grüne Gazpacho
90 Tomaten-Kichererbsen-Topf
92 Lauch-Erbsen-Eintopf
94 Rote-Linsen-Masala

HEISSES AUF DIE GABEL

98 Die schnellen 4 für heißes Gabelvergnügen
100 Gnocchi-Auflauf mit Hähnchen
102 Veggie-Maultaschen-Auflauf
104 Lauchlasagne
106 Süßkartoffelauflauf mit Hack
108 4 x farbenfrohe Quiches ...
110 Filetpfanne mit Spätzle
112 4 x hot & fresh ...
114 Gemüsecouscous mit Mojoghurt

SWEETIES OHNEGLEICHEN

118 Die schnellen 4 für besondere Momente
120 Energiebällchen
122 Obstsalat mit Käse
124 Smoothie-Cheesecake
126 4 x Müsli-Spaß im Glas ...
128 Müsli-Nusseckchen
130 Mango-Kokos-Crumble

BENTO-BOXEN

132 Bella-Italia-Box
132 Köfte-Box
133 Sommer-Box
133 Mezze-Box
134 Brotzeit-Box
134 Fajita-Box
135 Veggie-Power-Box
135 Gute-Laune-Box

138 Register von A–Z
142 Impressum

MITTAGSTISCH TO GO:
FRISCH, GESUND, BEQUEM!

Sind Sie auch ständig unterwegs und haben kaum Zeit zum Kochen? Greifen Sie mittags schnell zu Pommes, Burgern oder belegten Brötchen und ärgern sich nachher über sich selbst? Ist in der Kantine die Suche nach frischen, appetitlichen Mahlzeiten, mit denen Sie gut durch den Tag kommen, immer wieder vergeblich? Dann sind Sie nicht allein – denn so geht es beim »Lunch Break« wohl den Allermeisten.

Das Problem: **Mittags muss es schnell gehen!** Der Besuch im Imbissladen, in der Kantine oder der Bäckerei ist da meistens die einzige Option. Ausgewogen ist diese Ernährung nicht – die Kilos zu halten, fällt dabei auch schwer.

Doch ab jetzt wird alles anders! Mit den **genial-einfachen Rezepten** in diesem Buch haben Sie den Schlüssel zum Lunch-Glück in der Hand: **Leckere leichte Salate, herzhafte Suppen und soulfoodige Aufläufe für unterwegs** können Sie nun **ganz fix und ohne Mühe** selbst zubereiten – meist passgenau für 1 Person, gelegentlich auch mal für 2 Portionen oder 2 Tage, wenn es die Packungsgrößen nicht anders zulassen.

Lernen Sie dafür die richtigen, pflegeleichten Produkte kennen. **Die Highlights aus der Quick-and-easy-Küche** werden Ihnen zu Beginn jedes Kapitels vorgestellt. Damit ist ein Mittagessen auch von Kochfaulen bereits in 10, 20, allerhöchstens 30 Minuten zubereitet – ganz ohne komplizierte Handgriffe.

Und auch beim Einkauf lässt sich ganz prima Zeit sparen. Alle in diesem Buch verwendeten Produkte sind in jedem **gut sortierten Supermarkt** erhältlich, ab und zu lohnt auch der Weg in den **Drogeriemarkt**. Etliche Rezepte gelingen größtenteils mit Zutaten aus dem Vorrat – frische Komponenten können Sie noch fix beim kleinen Einkauf zwischendurch besorgen.

Fürs Rundum-Gelingen sorgt zu guter Letzt noch wichtiges **Lunch-to-go-Know-how:** zahlreiche **Basic-Infos** sowie eine Menge hilfreicher Hinweise, etwa **zum Verpacken, Transportieren und Aufwärmen.** Zudem machen ganz hinten im Buch **allerlei bunt gepackte Bento-Boxen** den »Lunch Break« zum Highlight des Tages.

Bye-bye Pommes und Burger, hello lecker-frische Lunch-to-go-Rezepte!

LUNCH-TO-GO-KNOW-HOW

DIE BASICS

Nicht jedes Gericht ist als bequemes Mittagessen oder fauler Snack für unterwegs optimal. Manche möchten lieber sofort zu Hause verspeist werden, statt den halben Tag oder sogar über Nacht im Glas oder der Transportbox zu »schmoren«. Der ideale Lunch to go ...

... ist blitzschnell vorbereitet: 10, 20 oder höchstens 30 Minuten – länger halten es faule Köche nicht in der Küche aus. Komplizierte Handgriffe? No way! Alles muss ganz smooth und easy von der Hand gehen. Ein Glück, dass jedes Gericht in diesem Buch genau auf diese Bedürfnisse ausgerichtet wurde.

... ist gut zu transportieren: Nämlich in nur einem, höchstens zwei Transportbehältern, denn mehr Boxen in der Tasche sind faulen Köchen nicht zuzumuten. Die besten Behältnisse für diverse Gerichte finden Sie auf Seite 10.

... bleibt lange frisch: Salate, die schon mittags vollkommen zusammengefallen sind, suchen Sie hier vergebens. Empfindliche Blattsalate werden mit anderen Zutaten über das Dressing gestapelt und dann erst kurz vorm Essen durchgemischt. Und auch alle anderen Gerichte wurden so konzipiert, dass sie auch unterwegs wie gerade eben zubereitet schmecken.

… lässt sich gut aufwärmen: Suppen und Eintöpfe schmecken nach dem Aufwärmen häufig sogar noch besser, da sie in der »Wartezeit« gut durchgezogen sind. Und auch Aufläufe vertragen das erneute Erhitzen in der Regel. Gerichte, die das Wiedererwärmen gar nicht mögen, haben in diesem Buch keinen Zutritt.

… ist leicht und sättigend: Nach dem Mittagessen sollte man idealerweise zwar satt, aber immer noch leistungsfähig sein, statt gleich ins Koma zu fallen. Alle Rezepte in diesem Buch wurden daher so entwickelt, dass sie leicht verdaulich sind und nicht schwer im Magen liegen. Viele Gerichte sind eiweißreich und sorgen so für ein lang anhaltendes Sättigungsgefühl. Schwere und fettige Saucen werden Sie hier nicht finden.

… macht rundum happy: Leicht und gesund – schön und gut, in Schule, Studium und Berufsleben lauern jedoch häufig eine ganze Menge anstrengende Herausforderungen, Stress und Ärger. Daher können Sie in diesem Buch auch Rezepte finden, die als echtes Soulfood durchgehen, und die Sie garantiert satt und zufrieden durch nervenaufreibende Tage bringen.

DIE PERFEKTE VERPACKUNG

Neben Kochgeschirr und Besteck sind für den Unterwegs-Lunch passende Transportbehälter das A und O. Am besten geeignet sind …

… simple Transportboxen: optimal für kalte Snacks, Salate mit wenig Volumen, Toppings und Gebäck. Besonders leicht aus Kunststoff, besonders haltbar aus Metall. Als Alternative alte Eisbehälter oder Ähnliches wiederverwenden.

… Schüsseln mit Deckel: Darin können Salate und Buddha-Bowls, aber auch Nusseckchen und Energiekugeln transportiert und serviert werden. Besonders stabil aus Kunststoff und Metall, viel ansprechender aus Glas oder Keramik. Wichtig: Stets aufrecht transportieren, da die Deckel nicht immer hundertprozentig schließen.

… kleine Bügel- oder Twist-off-Gläser: Bestens geeignet für Desserts, Dips, Saucen oder separat transportierte Toppings. Tipp: Gebrauchte Honig- oder Marmeladengläser säubern und dafür verwenden. Gurkengläser sind weniger geeignet, da in ihnen das Essigaroma erhalten bleibt!

… große Bügelgläser: In ihnen lassen sich wunderbar Salate aufschichten oder Suppen frisch mit kochendem Wasser aufgießen. In die Mikrowelle dürfen sie wegen der Metallbügel jedoch nicht.

… Brot- und Bento-Boxen: Bagels, Wraps & Co. werden am liebsten in Brotboxen transportiert, die nur eine Kammer haben. Bei den aus Japan stammenden Bento-Boxen gibt es dagegen mehrere Abteilungen, in die man verschiedene Zutaten separat verstauen kann. Rezept-Ideen hierzu finden Sie auf den Seite 132–135.

… ofen- und mikrowellenfeste Transportbehälter: Sie sind aus speziellem Glas mit Kunststoffdeckel, der natürlich nicht mit in den Ofen, dafür aber mit in die Mikrowelle darf. Perfekt für Aufläufe, Quiches und Crumble, die man sogar darin backen kann. Aber auch viele andere warme Gerichte lassen sich darin erhitzen. Und die Behälter sind für kalte Gerichte ebenfalls geeignet. Etwas schwerer und empfindlicher als Kunststoffboxen.

DAS PERFEKTE FINALE

Sobald der Lunch verpackt ist, geht er auch schon auf Reisen. Damit der Transport unfallfrei klappt und Salat, Snack, Auflauf & Co. dann ohne Hindernisse genüsslich verspeist werden können, hier noch ein paar weitere Tipps.

Kühlen: Käse, Wurst, Fleisch, Fisch, Milchprodukte und Eier sind leicht verderblich. Diese vor und nach dem Transport unbedingt in den Kühlschrank stellen, besonders an heißen Tagen. Während der Beförderung sorgt ein Kühl-Akku dafür, dass nichts verdirbt. Diesen am besten in ein Geschirrtuch wickeln, da sich sonst daran Kondenswasser bildet. Steht für die Lagerung bis zum Mittagessen kein Kühlschrank zur Verfügung, halten zwei Kühl-Akkus (samt Transportbehälter in das Tuch gewickelt), das Essen gute 2–3 Stunden kühl.

Vor Bruch schützen: Glasgefäße können zerbrechen. Sie sind zwar in der Regel aus recht stabilem Glas, trotzdem lohnt es sich, sie zum Schutz in ein Geschirrtuch einzuwickeln und in der Tasche sicheren Stand zu gewährleisten.

Erhitzen: Bei speziellen Mikrowellen-Behältern den entsprechenden Dampfabzug öffnen, bei anderen Gefäßen den Deckel lösen und nur noch locker auflegen. Bügelgläser sind hitzebeständig, können also guten Gewissens mit kochend heißem Wasser befüllt werden. Bei allen weiteren Gläsern ist bei großer Hitze dagegen Vorsicht geboten. Die Gerichte eventuell auf Teller umfüllen und dann erwärmen.

Keine Mikrowelle am Start: Hier können Isolierbehälter für warme Speisen die Lösung sein. Einfach die Mahlzeit, etwa Suppe oder Eintopf, morgens erhitzen und einfüllen, dann mittags genießen. Durch das lange Warmhalten gehen allerdings Vitamine flöten. Frisch erhitzen und sofort genießen ist also die bessere Wahl!

Besteck nicht vergessen: Auch wenn vieles einfach aus der Hand genascht werden kann, bei Aufläufen, Suppen oder Eintöpfen geht das nicht. Eine Besteckgarnitur aus Messer, Gabel, Esslöffel und Teelöffel sollten Sie also immer dabei haben.

Sticky Hands
fresh!
Erfrischungstuch
mit Zitrusduft

FINGERFOOD-SNACKS

Extra frisch von der Hand in den Mund

DIE SCHNELLEN 4 FÜR LEICHTES FINGERFOOD

AJVAR

Süßliches, manchmal auch richtig scharfes Mus vom Balkan | wird aus gerösteten roten Paprika, teilweise in Kombination mit Auberginen zubereitet | findet als Würzmittel, Dip oder Brotaufstrich Verwendung | veredelt die Frischkäsefüllung der **Mini-Paprika** (Seite 26) | verleiht **Vegetarischen Cig-Köfte** (Seite 30) ein besonders feines Aroma | als Extra bei **Honig-Halloumi-Pita** (Seite 46) lieblicher Kontrapunkt zum kräftigen Käse | wichtiger Würzfaktor in **Marokkanischer Gemüsesuppe** (Seite 82) | Tipp: **Gemüsecouscous** (Seite 114) mal mit Ajvar-Joghurt servieren. Dafür den Joghurt statt mit Kräutern mit 1 EL Ajvar verrühren, mit Salz, Pfeffer und etwas Zitronensaft abschmecken.

SALATDRESSING SYLTER ART

Vielseitig verwendbares, mild-cremiges Zwiebeldressing | steht oft bei den Salaten in der Kühltheke des Frischebereichs | Bio-Produkte wegen hochwertiger Inhaltsstoffe bevorzugen | wird mit ein bisschen Extrawürze blitzschnell zum Caesar Dressing für **Caesar-Quinoa-Salatherzen** (Seite 18) | umschmeichelt Thunfisch im Snack-Hit **Gurkenschiffchen mit Thunfisch** (Seite 28) und Käse im Brotbelag **Käsesalat mit Beeren** (Seite 39) | dezente Sauce für verführerische **Avocado-Garnelen-Wraps** (Seite 50) | Tipp: Den Senf der **Schinken-Spiegelei-Ecke** (Seite 40) statt mit Schmand mal mit Salatdressing Sylter Art verrühren.

SALATHERZEN

Die feinen »Herzen« des Römersalats sind einige Tage im Frischefach des Kühlschranks haltbar | die Blätter können ganz nach Bedarf abgenommen werden | sie bleiben in Kontakt mit Saucen und Dips länger knackig als die der meisten anderen Salatsorten | bilden ein delikates Bett für die Quinoa bei den **Caesar-Quinoa-Salatherzen** (Seite 18) | können die gleiche Aufgabe auch bei **Reiswaffelbällchen** (Seite 20) und **Vegetarischen Cig-Köfte** (Seite 30) übernehmen | verleihen Bagel in Kombi mit **Ziegenfrischkäse, Kaki & Basilikum** (Seite 43) und **Apfel, Bergkäse & Schinken** (Seite 42) sowie **Avocado-Garnelen-Wraps** (Seite 50) den Freshness-Faktor | können in Streifen geschnitten Baby-Blattspinat, Salat-Mix oder Feldsalat 1:1 ersetzen.

KIRSCHTOMATEN

Fein-aromatische Powerkugeln im mundgerechten Format | einfach nur waschen und fertig | besonders hübsch, wenn mehrere Farben kombiniert werden | halbgetrocknet (aus dem Kühlregal oder vom Antipasti-Stand) ein hitverdächtiger Ersatz für die getrockneten Tomaten (in Öl) | genial in mediterranen Lieblings-Snacks wie **Feta-Melonen-Spießchen** (Seite 16) und **Caesar-Quinoa-Salatherzen** (Seite 18) | fruchtige Ergänzung für würzige Salate wie **Brokkolisalat mit Pecorino** (Seite 58) und **Bohnensalat mit Feta** (Seite 66), sind aber auch in vielen Suppen, Aufläufen und Quiches ein echter Renner | schmecken außerdem in **Lauchlasagne** (Seite 104) unwiderstehlich: Dafür 100 g Lauch einfach durch 125 g (oder 50 g halbgetrocknete) Kirschtomaten ersetzen.

FETA-MELONEN-SPIESSCHEN

Mediterraner Pausensnack

FÜR 1 PORTION

8 Kirschtomaten
1 Stück Wassermelone (2 cm dick, ca. 150 g, möglichst ohne Kerne)
80 g Schafskäse (Feta)
2 Stängel Minze
8 Holzspießchen (z. B. Zahnstocher)
1 TL Crema di balsamico

ZUBEREITUNGSZEIT: 10 MIN.
PRO PORTION CA. 235 KCAL
15 G E, 15 G F, 9 G KH

1 Die Tomaten waschen. Das Melonenfruchtfleisch von der Schale schneiden und in 8 Würfel teilen, dabei eventuelle Kerne entfernen (Reste sofort naschen). Den Schafskäse ebenfalls in 8 Würfel schneiden. Die Minze abbrausen und trocken tupfen, die Blätter abzupfen.

2 Auf jedes Holzspießchen nacheinander jeweils 1 Kirschtomate, 1 Fetawürfel, 1 Minzeblatt und 1 Melonenwürfel stecken.

3 Die Feta-Melonen-Spießchen in eine Transportbox legen und mit Crema di balsamico beträufeln. Die Box verschließen und vor und nach dem Transport kalt stellen. Zum Lunch einfach aus der Hand essen.

TIPP:
Statt Tomaten nach Belieben Gurkenwürfel oder Erdbeeren auf die Spieße stecken.

CAESAR-QUINOA-SALATHERZEN

Snacken wie ein Kaiser

FÜR 2 PORTIONEN

70 g bunte Quinoa
Salz
125 g Kirschtomaten
50 g Pecorino (am Stück, ersatzweise Parmesan)
70 g Hähnchenbrustaufschnitt
2 EL Salatdressing Sylter Art
Pfeffer
1 Kästchen Kresse
4 Brotchips
12 Römersalatherzblätter

ZUBEREITUNGSZEIT: 15 MIN.
+ 15 MIN. KOCHEN
+ 10 MIN. QUELLEN
PRO PORTION CA. 355 KCAL
22 G E, 13 G F, 36 G KH

1 Quinoa mit 125 ml leicht gesalzenem Wasser zum Kochen bringen. Die Temperatur reduzieren und die Quinoa mit schräg aufgelegtem Deckel bei kleiner Hitze 15 Min. köcheln lassen. Vom Herd nehmen, zugedeckt noch 10 Min. quellen lassen, dann die Quinoa in eine Schüssel umfüllen und auskühlen lassen.

2 Die Tomaten waschen und halbieren. Den Käse mit dem Sparschäler in feinen Streifen abziehen und diese etwas zerbröckeln. Den Aufschnitt in nicht zu dünne Streifen schneiden.

3 Die Quinoa mit dem Dressing verrühren, mit Salz und Pfeffer würzen. Tomaten, Aufschnitt und Käse untermischen. Den Salat in zwei Transportboxen geben. Die Kresse vom Beet schneiden, die Brotchips grob zerbröckeln und beides über den Salat streuen. Salatblätter waschen, trocken schleudern und in zwei extra Boxen verpacken. Alle Boxen verschließen und vor und nach dem Transport kalt stellen.

4 Zum Lunch den Caesar-Quinoa-Salat auf die Salatblätter häufen (am besten mit einem Löffel) und genießen.

ZUM SATTESSEN:

Caesar-Quinoa ist für 1 Person auch als gehaltvoller Salat der Hit. Dafür nur 6 Salatblätter verwenden, in Streifen schneiden und unter den Quinoa-Salat heben.

REISWAFFELBÄLLCHEN

Herzhafte Veggie-Kleinigkeit

FÜR 1 PORTION

2 Reiswaffeln (ca. 20 g)
2 EL Rote-Bete-Saft
1 EL Tomatenmark
1 EL Rapsöl
2 EL TK-Zwiebel-Duo
1 TL Kapern (samt 1 TL Lake)
1 TL mittelscharfer Senf
Salz | Pfeffer

ZUBEREITUNGSZEIT: 15 MIN. + 10 MIN. RUHEN
PRO PORTION CA. 195 KCAL
3 G E, 11 G F, 21 G KH

1 Die Reiswaffeln in Stücke brechen und im Blitzhacker zu groben Bröseln mahlen. Rote-Bete-Saft, Tomatenmark, Rapsöl, Zwiebel-Duo, Kapern samt Lake und Senf untermengen. Die Masse mit Salz und Pfeffer abschmecken, 10 Min. ruhen lassen.

2 Aus der Masse 5–6 Kugeln formen und in eine Transportbox legen. Die Box verschließen und vor und nach dem Transport kalt stellen. Zum Lunch die Bällchen als Snack genießen – pur oder auch einmal mit Cornichons.

GEHT AUCH ANDERS:

Die Reiswaffelbällchen in knackige Blätter von Römersalatherzen oder Radicchio rollen und mit Crackern oder Brotchips genießen. Genauso hervorragend schmecken die Bällchen aber auch als Topping auf einem grünen Salat oder als Brotbelag.

Nach Anbruch kühl lagern.

SOMMERROLLEN

Asia-Hit mal ganz mediterran

FÜR 1 PORTION

2 TL Öl
4 runde Reispapierblätter (à 22 cm Ø, ca. 40 g)
½ Apfel
½ orange Paprika
2 große Handvoll Salat-Mix (ca. 40 g)
1 EL leichte Salatcreme
1 EL Honigsenf
8 Scheiben roher Schinken (ca. 75 g)

ZUBEREITUNGSZEIT: 20 MIN.
PRO PORTION CA. 455 KCAL
22 G E, 15 G F, 57 G KH

1 Vier große Teller gleichmäßig dünn mit Öl einpinseln. Die Reispapierblätter nacheinander unter fließendes Wasser halten und rundherum damit benetzen, dann jeweils auf einen Teller legen und 10 Min. einweichen.

2 Inzwischen den Apfel waschen, entkernen und in 8 Spalten schneiden. Von der Paprika die weißen Trennwände und Kerne entfernen, die Hälfte waschen und in dünne Streifen schneiden. Den Salat-Mix waschen und trocken schleudern. Salatcreme und Senf verrühren.

3 Je 2 Schinkenscheiben leicht überlappend nebeneinander auf die Arbeitsfläche legen, mit der Senfcreme bestreichen. Im unteren Drittel mit Salat, Apfel und Paprika belegen und die Füllung fest in den Schinken einrollen.

4 Auf jedes Reispapierblatt 1 Schinkenrolle legen – knapp unterhalb der Mitte. Dann die Reispapierblätter zuerst von unten her über die Füllung klappen, anschließend von den beiden Seiten her und zum Schluss ganz aufrollen. In eine Transportbox legen. Die Box verschließen und vor und nach dem Transport kalt stellen. Zum Lunch einfach aus der Hand essen.

TUNING-TIPP:

Lust auf herrlich würzigen Crunch? Dann vor dem Einrollen noch 2 TL gerösteten Sesam und ½ TL Schwarzkümmel auf das Reispapier streuen. Auch lecker: 1 EL geröstete Pinien- oder Kürbiskerne mit in die Rollen geben.

4 × ORIGINELLE DIPS …

MOJITO-AVOCADO-DIP

Für 1 Portion
Pro Portion ca. 395 kcal, 3 g E, 39 g F, 6 g KH

2 Stängel **Minze** waschen und trocken tupfen, die Blätter abzupfen. 1 **Avocado** halbieren und entkernen. Fruchtfleisch mit einem Esslöffel aus der Schale lösen, grob zerkleinern. Beides mit 2 EL **Limettensaft** und 1 TL **Rohrohrzucker** mit dem Pürierstab oder in einem Blitzhacker fein pürieren. Mit **Salz, Pfeffer, Cayennepfeffer** (nach Belieben) und noch etwas **Limettensaft** abschmecken. Den Dip in ein Bügel- oder Twist-off-Glas füllen. Das Glas verschließen und vor und nach dem Transport kalt stellen.

MEXICAN-CHILI-DIP

Für 1 Portion
Pro Portion ca. 330 kcal, 11 g E, 16 g F, 35 g KH

1 Dose **Kidneybohnen** (125 g Abtropfgewicht) in ein Sieb gießen, abbrausen und abtropfen lassen. 3 **getrocknete Tomaten** (in Öl, ca. 30 g) abtropfen lassen und grob würfeln. Beides mit 1 EL **Aceto balsamico bianco,** 2 EL **Tomatenmark,** 2 EL **TK-Petersilie,** ½ TL **Cayennepfeffer** und 2 TL **Honig** in den Blitzhacker geben und fein pürieren, dabei noch 1–2 EL **Wasser** dazugeben. Mit **Salz** und **Pfeffer** (nach Belieben auch noch mit gemahlenem Kreuzkümmel und Koriander) abschmecken. Den Dip in ein Bügel- oder Twist-off-Glas füllen. Das Glas verschließen und vor und nach dem Transport kalt stellen.

..., die mit dem Pürierstab oder im Blitzhacker ratzfatz gemixt sind und unterwegs mit Gemüsesticks – etwa Möhren, Salatgurke, Paprika, Kohlrabi oder Staudensellerie – einen gesunden Snack abgeben. PS: Cracker oder (Knäcke-)Brot sind natürlich auch erlaubt!

MANGO-HUMMUS-DIP

Für 2 Portionen
Pro Portion ca. 370 kcal, 14 g E, 21 g F, 30 g KH

100 g **TK-Mango** ca. 10 Min. antauen lassen. 1 Dose **Kichererbsen** (265 g Abtropfgewicht) in ein Sieb gießen, abbrausen und abtropfen lassen. Beides mit 50 g **Tahin** (Sesampaste), 2 EL **Zitronensaft,** 1 EL Olivenöl und ½ TL gemahlenem **Kreuzkümmel** mit dem Pürierstab oder in einem Blitzhacker fein pürieren. Mit **Salz, Pfeffer, Cayennepfeffer** und noch etwas **Zitronensaft** abschmecken. Den Dip in ein Bügel- oder Twist-off-Glas füllen. Das Glas verschließen und vor und nach dem Transport kalt stellen. Eine Portion heute, die andere morgen essen.

ZIEGENKÄSE-ERBSEN-DIP

Für 1 Portion
Pro Portion ca. 345 kcal, 22 g E, 23 g F, 11 g KH

In einem Topf 250 ml **leicht gesalzenes Wasser** zum Kochen bringen. Darin 100 g **TK-Erbsen** und 2 EL **TK-Zwiebel-Duo** 6 Min. blanchieren, dann in ein Sieb abgießen, abtropfen lassen. Mit 1 EL **Aceto balsamico bianco** und 50 g **Ziegenfrischkäse** mit dem Pürierstab oder in einem Blitzhacker fein pürieren. Weitere 50 g **Ziegenfrischkäse** und 1 TL **TK-Dill** unterrühren. Mit **Salz** und **Pfeffer** abschmecken. Den Dip in ein Bügel- oder Twist-off-Glas füllen. Das Glas verschließen und vor und nach dem Transport kalt stellen.

GEFÜLLTE MINI-PAPRIKA

Wie frisch vom Vorspeisenbüfett

FÜR 1 PORTION

1 EL Öl
6 vegetarische Bällchen (z. B. Seitan- oder Falafelbällchen, aus dem Kühlregal, ca. 120 g)
3 bunte Mini-Paprika (ca. 125 g)
50 g Frischkäse
1 TL Ajvar
1 TL Honig
2 Stängel Koriandergrün

ZUBEREITUNGSZEIT: 15 MIN.
PRO PORTION CA. 505 KCAL
14 G E, 33 G F, 32 G KH

1 Das Öl in einer Pfanne erhitzen. Die Bällchen darin bei mittlerer Hitze rundherum 4–5 Min. anbraten, dann auf Küchenpapier entfetten und abkühlen lassen.

2 Paprika längs halbieren, weiße Trennwände und Kerne entfernen, die Hälften waschen und gut trocken tupfen. Frischkäse, Ajvar und Honig verrühren und in die Paprikahälften füllen. Den Koriander abbrausen und trocken schütteln, die Blätter abzupfen und grob hacken.

3 Die Bällchen auf die Ziegenkäsecreme in den Paprikahälften setzen, den Koriander darüberstreuen. Die gefüllten Mini-Paprika in eine Transportbox legen. Die Box verschließen und vor und nach dem Transport kalt stellen. Zum Lunch einfach aus der Hand essen.

TIPPS:

Wer möchte, kann die Bällchen auch separat einpacken und erst noch in der Mikrowelle erwärmen, bevor sie auf die Käsecreme in den Paprikahälften gesetzt werden.
Wer keine Mini-Paprika bekommt, nimmt einfach 1 normale kleine Schote und teilt diese längs in 6 breite Spalten.

NIROSTA

GURKENSCHIFFCHEN MIT THUNFISCH

Leckere Low-Carb-Knabberei

FÜR 1 PORTION

1 Dose Thunfisch (im eigenen Saft, 130 g Abtropfgewicht)
1 Dose Mais (140 g Abtropfgewicht)
1 Bund Schnittlauch
1 Tomate
3 EL Salatdressing Sylter Art
1 TL Dijon-Senf
1 TL edelsüßes Paprikapulver
Salz | Pfeffer
1 Bio-Salatgurke

ZUBEREITUNGSZEIT: 15 MIN.
PRO PORTION CA. 575 KCAL
38 G E, 24 G F, 50 G KH

1 Den Thunfisch und Mais abtropfen lassen. Den Schnittlauch abbrausen, trocken schütteln und in Röllchen schneiden. Die Tomate waschen, halbieren und entkernen, dabei den Stielansatz entfernen. Tomate in kleine Würfel schneiden.

2 Alle vorbereiteten Zutaten bis auf 1 EL Schnittlauch mit dem Dressing, Senf und Paprikapulver verrühren. Mit Salz und Pfeffer abschmecken. Den Salat in eine Transportbox füllen, restlichen Schnittlauch darüberstreuen, Box verschließen.

3 Die Gurke waschen, längs halbieren und mit einem Löffel die Kerne herausschaben. Die ausgehöhlten Gurkenhälften quer dritteln und die Schiffchen ebenfalls in eine Transportbox legen. Alles vor und nach dem Transport kalt stellen.

4 Zum Lunch den Thunfisch-Mais-Salat auf die Gurkenschiffchen häufen (am besten mit einem Löffel) und genießen.

VEGETARISCHE CIG-KÖFTE

Würziges aus Couscous

FÜR 1 PORTION

- 1 Beutel Pfefferminztee
- 50 g Couscous
- 100 ml Gemüsebrühe
- 2 EL Ajvar
- 1 Msp. gemahlener Kreuzkümmel
- Salz
- 1 Frühlingszwiebel
- 3 Stängel Petersilie
- 2 EL Walnusskerne
- Pfeffer
- ½ TL Zucker
- 2 TL Zitronensaft

ZUBEREITUNGSZEIT: 20 MIN.
PRO PORTION CA. 425 KCAL
11 G E, 21 G F, 47 G KH

1 Teebeutel aufschneiden und die getrocknete Minze in einen Topf streuen. Couscous, Brühe, Ajvar, Kreuzkümmel und etwas Salz ebenfalls in den Topf geben. Aufkochen und den Couscous knapp 1 Min. kochen lassen, dann vom Herd nehmen und zugedeckt 10 Min. quellen lassen.

2 Inzwischen die Frühlingszwiebel putzen, waschen und in grobe Stücke schneiden. Die Petersilie abbrausen und trocken schütteln, die Blätter abzupfen. Beides mit den Walnüssen (wer mag, röstet sie vorher noch kurz in der Pfanne an) im Blitzhacker fein hacken.

3 Den Couscous auflockern und mit dem Petersilien-Nuss-Mix gründlich vermengen. Mit Salz, Pfeffer, Zucker und Zitronensaft abschmecken. Aus der Masse 5 Röllchen formen und diese etwas flach drücken.

4 Die vegetarischen Cig-Köfte in eine Transportbox legen. Die Box verschließen und vor und nach dem Transport kalt stellen. Zum Lunch die Köfte pur naschen.

TIPPS:

Wer Lust auf ein paar Extras hat, richtet die Cig-Köfte mit Joghurt, Zaziki oder Hummus auf Römersalatherzblättern an. Für einen Frische-Bonus 1–2 Petersilienstängel durch Minze ersetzen, die das Aroma des Pfefferminztees kräftig unterstützt.

Tee ZEIT zum
Träumen
Tea time to dream
moments de rêve
momenti di sogno
10 MIN.

Blitzschnelle Brote, Bagels & Wraps

HANDLICHE SATTMACHER

DIE SCHNELLEN 4 FÜR HANDLICHEN BROTGENUSS

BAGEL, TORTILLA & CO. (ZUM AUFBACKEN)

Praktisches Gebäck aus dem Vorrat | tiefgekühlt sehr lange haltbar | bei Bedarf einfach auftauen und nach Packungsanweisung aufbacken oder kurz in der Pfanne erhitzen | können dann nach Herzenslust belegt oder gefüllt werden | viermal üppig belegte **Bagel** (Seite 42 / 43) stellen jedes Bäckereibrötchen in den Schatten | das **Puten-Piccata-Ciabatta** (Seite 44) lässt selbst Italiener schwärmen | fantastische **Feta-Thunfisch-Wraps** (Seite 48) sowie **Avocado-Garnelen-Wraps** (Seite 50) können easy im Gehen verschlungen werden.

(ZIEGEN-)FRISCHKÄSE

Als Brotaufstrich cremige Basis für geniale Kreationen | auch als Grundlage für Dips und Saucen ein Hit | kann Sahne in Saucen und Suppen perfekt ersetzen | Frischkäse von der Ziege ist etwas würziger und säuerlicher als herkömmlicher | extra herzhaft als **Deftiger Käseaufstrich** (Seite 39) | herrlich üppig aufgetragen die beste Basis für **Bagel mit Lachs & Mango-Chutney** (Seite 42) oder **Kaki & Basilikum** (Seite 43) | spendet der feinen **Kartoffel-Spargel-Suppe** (Seite 80) und **Lauchlasagne** (Seite 104) großzügig seine Cremigkeit | fester Ziegenfrischkäse harmoniert im **Crunchy-Salat mit Himbeeren** (Seite 60) perfekt mit letzteren und lässt sich nebenbei mit Spinat zu einer verführerischen **Quiche** (Seite 108) backen | süße Hits als **Smoothie-Cheesecake** (Seite 124) und **Erdbeer-Krokant-Müsli** (Seite 127).

MAGERER WURSTAUFSCHNITT

Fettarme und eiweißreiche Scheiben für die Genussmomente unterwegs | machen lange satt und verhindern Heißhungerattacken | besonders mager sind Puten- und Hähnchenbrust sowie alle Schinkensorten ohne dicken Fettrand | Bio-Produkte ohne Geschmacksverstärker bevorzugen | roher Schinken ist mit **Apfel & Bergkäse** ein genialer Belag für **Bagel** (Seite 42) | Rindersaftschinken macht die **Schinken-Spiegelei-Ecke** (Seite 40) zum Brot-Blockbuster | Putenbrust überrascht in Kombination mit Ziegenfrischkäse und Hafer Crunchy als **Crunchy-Salat mit Himbeeren** (Seite 60), Kochschinken im **Couscoussalat mit Avocado & Apfel** (Seite 61) | Hähnchenbrust und Quinoa sind jetzt per Du bei den **Caesar-Quinoa-Salat-herzen** (Seite 18).

GERÄUCHERTER & GEBEIZTER FISCH

Reich an gesunden Fetten wie etwa den essenziellen Omega-3-Fettsäuren | diese sorgen für eine gute Hirntätigkeit und starke Nerven | Lachs, Forelle & Co. sind somit perfektes Brainfood für stressige Tage | durch Räuchern oder Beizen werden die Fische haltbar und richtig lecker gemacht | Lachs schmeckt in Kombination mit **Frischkäse & Mango-Chutney** als Bagel (Seite 42) einfach toll | Forelle wird fein zerdrückt mit Forellenkaviar zum **Smörgasbord-Aufstrich** (Seite 38) | auch Spargel liebt die beiden leckeren Fische: Forelle trifft ihn im **Spargelsalat** (Seite 60), während Lachs der **Kartoffel-Spargel-Suppe** (Seite 80) die Krone aufsetzt | Omega-3-König Hering hat im **Matjessalat mit grünen Bohnen** (Seite 64) seinen großen Auftritt.

KNÄCKE-BRUSCHETTA

Sommerlicher Knusper-Hit

FÜR 1 PORTION

1 ½ EL Aceto balsamico
1 TL Honig
1 ½ EL Olivenöl
Salz | Pfeffer
1 Frühlingszwiebel
100 g Kirschtomaten
50 g Physalis (ersatzweise Honigmelone in kleinen Würfeln)
2 Stängel Basilikum
60 g Mini-Mozzarella
3 Scheiben Knäckebrot

ZUBEREITUNGSZEIT: 10 MIN.
PRO PORTION CA. 435 KCAL
15 G E, 27 G F, 32 G KH

1 Den Balsamico mit Honig und Olivenöl kräftig verrühren. Mit Salz und Pfeffer würzen. Die Frühlingszwiebel putzen, waschen, in feine Ringe schneiden und zum Dressing geben.

2 Die Tomaten waschen und halbieren. Die Physalis von den Hüllblättern befreien, waschen. Die Basilikumblätter von den Stängeln zupfen. Die Mozzarellakugeln abtropfen lassen und nach Belieben halbieren.

3 Tomaten, Physalis, Basilikum und Mozzarella mit dem Dressing vermischen. Die Bruschetta-Mischung in eine Transportbox füllen. Die Box verschließen und vor und nach dem Transport kalt stellen. Das Knäckebrot ebenfalls für den Transport verpacken.

4 Für den Lunch die Bruschetta-Mischung auf den Knäckebrotscheiben anrichten (am besten mit einem Löffel) und genießen.

KÜCHENGEHEIMNISSE:

½ fein gewürfelte Knoblauchzehe ist für die Bruschetta ein feines Tuning, wenn Kollegen, Chef und Kunden nicht in der Nähe sind.

4 × HERZHAFTES AUFS BROT …

SMÖRGASBORD-AUFSTRICH

Für 1 Portion
Pro Portion ca. 410 kcal, 32 g E, 5 g F, 60 g KH

3 **Cornichons** klein würfeln. 1 **geräuchertes Forellenfilet** (ca. 60 g) mit einer Gabel grob zerkleinern. Beides mit 50 g **Skyr,** 1 TL **Honigsenf** und 1 EL **TK-Dill** verrühren, 1 EL **Forellenkaviar** unterheben. Mit **Salz** und **Pfeffer** abschmecken. In eine Transportbox oder ein Bügel- oder Twist-off-Glas füllen, verschließen. 2–3 Scheiben **Brot** (z. B. Roggen- oder Vollkornbrot) ebenfalls für den Transport verpacken. Den Aufstrich vor und nach dem Transport kalt stellen. Zum Lunch die Brote mit dem Aufstrich bestreichen, genießen.

WURSTSALAT

Für 1 Portion
Pro Portion ca. 545 kcal, 15 g E, 40 g F, 31 g KH

1 **Frühlingszwiebel** putzen, waschen, in feine Ringe schneiden. 3 Scheiben **feine Schinkenwurst** (z. B. Lyoner, 40 g) und 1 Scheibe **Bergkäse** (20 g) in Streifen schneiden. 1 EL **dänischer Gurkensalat** (aus dem Glas) ebenfalls in Streifen schneiden. Alles mit 1 EL **Gurkensalatlake** und 1 TL **Öl** verrühren. Mit **Salz, Pfeffer** und wenig gemahlenem **Kümmel** abschmecken. In eine Transportbox oder ein Bügel- oder Twist-off-Glas füllen, verschließen. 2–3 Scheiben **Brot** (z. B. Roggen- oder Vollkornbrot) mit **Butter** bestreichen, zusammenklappen und ebenfalls für den Transport verpacken. Salat und Brot vor und nach dem Transport kalt stellen. Zum Lunch die Brote auseinanderklappen, mit dem Salat »belegen« und genießen.

... für alle, die etwas Deftiges zwischen die Kiemen brauchen, denen aber die einfache Scheibe Käse oder Wurst zum Hals raushängt.

DEFTIGER KÄSEAUFSTRICH

Für 1 Portion
Pro Portion ca. 610 kcal, 30 g E, 28 g F, 58 g KH

In einer Pfanne ½ EL **Öl** erhitzen. 50 g **magere Schinkenwürfel,** 2 EL **TK-Zwiebel-Duo** und 1 EL **Kürbiskerne** darin anbraten, bis der Schinken leicht gebräunt ist. Vom Herd nehmen, kurz abkühlen lassen. 10 **Schnittlauchhalme** abbrausen, trocken tupfen, in Röllchen schneiden. Pfanneninhalt und die Hälfte des Schnittlauchs mit 100 g **Frischkäse** (mit Joghurt) verrühren. Mit **Salz, Pfeffer** und gemahlenem **Kümmel** abschmecken. In eine Transportbox oder ein Bügel- oder Twist-off-Glas füllen, mit dem restlichen Schnittlauch bestreuen und verschließen. 2–3 Scheiben **Brot** (z. B. Bauernbrot) ebenfalls für den Transport verpacken. Aufstrich vor und nach dem Transport kalt stellen. Zum Lunch die Brote mit dem Aufstrich bestreichen, genießen.

KÄSESALAT MIT BEEREN

Für 1 Portion
Pro Portion ca. 725 kcal, 33 g E, 35 g F, 68 g KH

1 **Ei** (M) in ca. 8 Min. hart kochen und in kaltem Wasser abkühlen lassen, dann schälen und grob würfeln. 2 EL **Heidelbeeren** (ersatzweise kernlose Weintrauben) waschen und trocken tupfen. 1 EL **Pekannusskerne** (ersatzweise Walnusskerne) in grobe Stücke brechen. 50 g **Bergkäse** (am Stück, z. B. Stilfser) klein würfeln und mit 50 g **Joghurt,** 2 EL **Salatdressing Sylter Art** und ½ TL **Currypulver** verrühren. Mit **Salz** und **Pfeffer** würzen. Ei, Heidelbeeren und Nüsse untermischen. In eine Transportbox oder ein Bügel- oder Twist-off-Glas füllen, verschließen. 2–3 Scheiben **Brot** (z. B. Holzofenbrot) ebenfalls für den Transport verpacken. Den Aufstrich vor und nach dem Transport kalt stellen. Zum Lunch die Brote mit dem Salat »belegen«, genießen.

SCHINKEN-SPIEGELEI-ECKE

Belegtes Brötchen 2.0

FÜR 1 PORTION

---

1 TL Öl
1 Ei (M)
1 Handvoll Salat-Mix
1 EL körniger Senf
1 EL Schmand
1 Laugenecke (nach Belieben mit Mohn, Sesam oder Körnern)
1 EL Zwiebel-Relish (ersatzweise Zwiebel-Chutney oder -Konfitüre)
50 g Rindersaftschinken (in Scheiben, ersatzweise Roastbeef)
1 EL Silberzwiebeln (aus dem Glas)

ZUBEREITUNGSZEIT: 15 MIN.
PRO PORTION CA. 970 KCAL
33 G E, 52 G F, 90 G KH

1 Öl in einer beschichteten Pfanne erhitzen. Darin das Ei bei mittlerer Hitze in ca. 2 Min. zum Spiegelei braten, wenden und die zweite Seite ebenfalls 2–3 Min. braten. Vom Herd nehmen.

2 Den Salat waschen und trocken schleudern, Senf und Schmand verrühren. Die Laugenecke aufschneiden und beide Hälften mit dem Senfschmand bestreichen. Die untere Hälfte mit Salat und Zwiebel-Relish belegen.

3 Die Schinkenscheiben zusammenfalten und auf dem Salat und dem Relish auslegen, dann mit dem Spiegelei toppen. Silberzwiebeln in die obere Hälfte der Laugenecke drücken und diese auf die untere Hälfte legen, leicht andrücken.

4 Für den Transport die Schinken-Spiegelei-Ecke in Butterbrotpapier wickeln oder in eine Transportbox packen und die Box verschließen. Ein Kühlen vor und nach dem Transport ist nicht unbedingt nötig.

4 × TRENDY BAGELS ...

LACHS, FRISCHKÄSE & MANGO-CHUTNEY

Für 1 Portion
Pro Portion ca. 545 kcal, 21 g E, 24 g F, 62 g KH

50 g **Bio-Salatgurke** und ½ **Tomate** waschen und in dünne Scheiben schneiden. 1 Handvoll **Feldsalat** waschen, trocken schleudern. Beide **Bagelhälften** mit 2 Messervoll **Frischkäse** (ca. 40 g) bestreichen, dann die untere Hälfte mit 1 EL, die obere mit ½ EL **Mango-Chutney** bestreichen. Die untere Bagelhälfte mit dem Feldsalat, 2 Scheiben **Graved Lachs** (ca. 50 g, ersatzweise Räucherlachs), Salatgurke und Tomate belegen. Die obere Bagelhälfte darauflegen und leicht andrücken. Den Bagel in eine Brotbox packen, vor und nach dem Transport kalt stellen.

APFEL, BERGKÄSE & SCHINKEN

Für 1 Portion
Pro Portion ca. 750 kcal, 33 g E, 42 g F, 58 g KH

½ kleinen **Apfel** (quer halbiert) waschen, das Kerngehäuse ausstechen. Apfelhälfte in 3 Ringe schneiden und mit 1 TL **Zitronensaft** beträufeln. 3 **Römersalatherzblätter** waschen und trocken tupfen. 5 **Schnittlauchhalme** abbrausen und trocken tupfen, in Röllchen schneiden. Beide **Bagelhälften** mit je 1 TL **Kräuterbutter** und **süßem Senf** bestreichen, mit Schnittlauch bestreuen. Die untere Bagelhälfte mit Salat, Apfel und 40 g **Bergkäse** (in Scheiben) belegen, mit 1 TL **süßem Senf** bestreichen. 3 Scheiben **luftgetrockneten Schinken** (ca. 30 g) darauf verteilen und mit 2 TL **Salatkern-Mix** bestreuen. Die obere Bagelhälfte darauflegen und leicht andrücken. Den Bagel in eine Brotbox packen. Ein Kühlen vor und nach dem Transport ist nicht unbedingt nötig.

…, die ratzfatz belegt sind und alle Kollegen vor Neid erblassen lassen. Dafür 1 Bagel (zum Aufbacken) auf dem mit Backpapier ausgelegten Rost im 160° heißen Ofen (Mitte) in 6–8 Min. leicht knusprig werden lassen. Dann aufschneiden und belegen, etwa mit …

HUMMUS, PESTO & MIXED VEGGIES

Für 1 Portion

Pro Portion ca. 485 kcal, 16 g E, 22 g F, 53 g KH

1 Handvoll **Baby-Blattspinat** waschen und trocken schleudern. 50 g **Bio-Salatgurke** waschen und in dünne Scheiben schneiden. Von ¼ **gelbe Paprika** die weißen Trennwände und Kerne entfernen, das Viertel waschen und in dünne Streifen schneiden. Beide **Bagelhälften** mit 2 EL **Hummus** (Fertigprodukt oder Mango-Hummus-Dip, Seite 25) und 2 TL **Bärlauchpesto** (ersatzweise Pesto alla genovese) bestreichen. Die untere Bagelhälfte mit Spinat, Gurke und Paprika belegen, 3 **getrocknete Tomaten** (in Öl) daraufgeben. Die **Kresse** von ¼ Kästchen abschneiden und über den Belag streuen. Die obere Bagelhälfte darauflegen und leicht andrücken. Den Bagel in eine Brotbox packen. Ein Kühlen vor und nach dem Transport ist nicht unbedingt nötig.

ZIEGENFRISCHKÄSE, KAKI & BASILIKUM

Für 1 Portion

Pro Portion ca. 485 kcal, 20 g E, 19 g F, 57 g KH

4 **Römersalatherzblätter** waschen und trocken tupfen. ½ **Kaki** (am besten quer halbiert, ersatzweise ½ Nektarine oder Pfirsich) waschen und in dünne Scheiben schneiden. Die Blätter von 2 Stängel **Basilikum** abzupfen. Beide **Bagelhälften** mit 2 TL **Honigsenf** und 2 Messervoll **Ziegenfrischkäse** (ca. 40 g) bestreichen. Die untere Bagelhälfte mit Salatblättern, Kaki, 4 Scheiben **Salami** (ca. 25 g) und Basilikum belegen. Die obere Bagelhälfte darauflegen und leicht andrücken. Den Bagel in eine Brotbox packen. Ein Kühlen vor und nach dem Transport ist nicht unbedingt nötig.

PUTEN-PICCATA-CIABATTA

Stulle auf italienisch

FÜR 1 PORTION

2 EL Mehl
1 Ei (M)
3 EL geriebener Parmesan
1 EL Öl
3 Putenmedaillons (à ca. 50 g)
Salz | Pfeffer
1 Ciabattabrötchen (zum Aufbacken)
1 EL leichte Salatcreme
2 TL Pesto rosso
1 Handvoll Rucola
3 Stück eingelegte Grillpaprika (aus dem Glas)

ZUBEREITUNGSZEIT: 30 MIN.
PRO PORTION CA. 1085 KCAL
76 G E, 40 G F, 102 G KH

1 Das Mehl auf einen kleinen Teller häufen, in einem tiefen Teller das Ei und den Parmesan mit einer Gabel verquirlen.

2 Das Öl in einer Pfanne erhitzen. Die Putenmedaillons mit Salz und Pfeffer würzen und im Mehl wenden, überschüssiges Mehl abklopfen. Dann die Medaillons durch die Parmesan-Ei-Mischung ziehen und in die Pfanne legen. Darin bei mittlerer Hitze von beiden Seiten in je 2–3 Min. goldbraun braten. Anschließend zugedeckt bei kleiner Hitze in weiteren 5 Min. fertig garen, dabei einmal wenden. Die Puten-Piccata ca. 10 Min. abkühlen lassen.

3 Inzwischen Ciabattabrötchen aufschneiden und nach Packungsanweisung im Toaster oder im Backofen knusprig aufbacken. Salatcreme und Pesto verrühren. Den Rucola waschen und trocken schleudern, Paprika abtropfen lassen.

4 Die Ciabattahälften mit der Pestocreme bestreichen. Dann die untere Hälfte mit Rucola, Paprika und Puten-Piccata belegen. Die obere Hälfte darauflegen und leicht andrücken. Das Ciabatta in eine Brotbox packen, die Box verschließen. Ein Kühlen vor und nach dem Transport ist nicht unbedingt nötig.

TIPP:

Statt einem Ciabattabrötchen können Sie auch ein Baguettebrötchen, ein Panino oder ein Stück Fladenbrot verwenden.

HONIG-HALLOUMI-PITA

Kulinarischer Kurzurlaub

FÜR 1 PORTION

1 EL Olivenöl
100 g Halloumi
1 TL Honig
1 EL italienische TK-Kräuter
1 EL Zitronensaft
Pfeffer
¼ türkisches Fladenbrot
2 Blätter Radicchio
1 Tomate
50 g Möhrenstifte (aus der Frischetheke, ersatzweise Gemüse-Nudeln aus Möhren)
Salz
2 EL Ajvar

ZUBEREITUNGSZEIT: 20 MIN.
PRO PORTION CA. 810 KCAL
35 G E, 39 G F, 80 G KH

1 Den Backofen auf 200° vorheizen. In einer beschichteten Pfanne 1 TL Öl erhitzen. Halloumi in dünne Scheiben schneiden und in der Pfanne bei mittlerer Hitze von beiden Seiten hellbraun braten. Honig und Kräuter dazugeben und leicht karamellisieren lassen. Mit ½ EL Zitronensaft ablöschen, pfeffern und vom Herd nehmen.

2 Das Fladenbrot im Ofen (Mitte) in ca. 6 Min. leicht knusprig aufbacken, dann herausnehmen und abkühlen lassen.

3 Radicchio waschen und trocken tupfen, die weißen Stielansätze abschneiden. Die Tomate waschen und in dünne Scheiben schneiden, dabei den Stielansatz entfernen. Möhrenstifte mit übrigem Zitronensaft und Öl verrühren. Mit Salz und Pfeffer würzen.

4 In das Fladenbrot eine Tasche schneiden und beide Schnittflächen mit je 1 EL Ajvar bestreichen. Radicchio, Tomate, Möhrenstifte und Halloumi auf die untere Hälfte schichten, dann das Fladenbrot leicht zusammendrücken. Die Honig-Halloumi-Pita in eine Brotbox packen, die Box verschließen. Ein Kühlen vor und nach dem Transport ist nicht unbedingt nötig.

ARCTIC SALT
EST. 2014
SALTSTRAUMEN NORWAY
NORSK FLAKSALT FRA SALTSTRAUMEN VED BODØ I SALTEN
CNCROWN

FETA-THUNFISCH-WRAPS

Geniale Rollen für 2 Tage

FÜR 2 PORTIONEN

- **1 Dose Thunfisch** (im eigenen Saft, 130 g Abtropfgewicht)
- **100 g Schafskäse** (Feta)
- **1 EL Aceto balsamico bianco**
- **1 EL Olivenöl**
- **2 TL Honig**
- **1 EL TK-6-Kräuter-Mischung**
- **½ TL gemahlener Kreuzkümmel**
- **1 Msp. rosenscharfes Paprikapulver**
- **Salz | Pfeffer**
- **½ Paprika** (gelb oder orange)
- **50 g Salat-Mix**
- **4 weiche Weizentortillas** (22–25 cm Ø, ca. 160 g)
- **4 TL Honigsenf**

ZUBEREITUNGSZEIT: 25 MIN.
PRO PORTION CA. 565 KCAL
33 G E, 17 G F, 65 G KH

1 Den Thunfisch abtropfen lassen. Den Feta nicht zu fein zerbröckeln. Beides mit Essig, Öl, Honig, Kräutern, Kreuzkümmel und dem Paprikapulver mischen. Mit Salz und Pfeffer würzen. Die Hälfte der Mischung abnehmen und bis zum nächsten Tag zugedeckt kalt stellen.

2 Von der Paprika die weißen Trennwände und Kerne entfernen, die Hälfte waschen und halbieren. Den Salat waschen und trocken schleudern. Die Hälfte des Salats und der Paprika abnehmen, luftdicht verpacken und ebenfalls kalt stellen. Die übrige Paprika in dünne Streifen schneiden.

3 In einer großen Pfanne 2 Tortillas nacheinander kurz von beiden Seiten erhitzen, bis sie sich leicht aufblasen und gut formbar sind.

4 Dann beide Tortillas in der Mitte in einem Streifen mit Honigsenf bestreichen. Mit Paprikastreifen, Feta-Thunfisch-Mischung und Salat belegen. Die Fladen von unten über die Füllung klappen, dabei eine Seite einschlagen, dann die Tortillas fest zu Wraps aufrollen.

5 Für den Transport die Wraps in Butterbrotpapier oder Alufolie wickeln. Vor und nach dem Transport kalt stellen. Am nächsten Tag auf die gleiche Weise mit den übrigen Zutaten weitere 2 Wraps zubereiten.

AVOCADO-GARNELEN-WRAPS

Wickeln jeden um den Finger

FÜR 1 PORTION

80 g Garnelen (geschält, frisch oder aufgetaute TK-Ware)
2 TL Öl
2 EL Zitronensaft
Salz | Pfeffer
2 Frühlingszwiebeln
3 Römersalatherzblätter
½ Avocado
2 weiche Weizentortillas (22–25 cm Ø, ca. 80 g)
2 EL Salatdressing Sylter Art
2 EL Croûtons (Fertigprodukt)

ZUBEREITUNGSZEIT: 25 MIN.
PRO PORTION CA. 800 KCAL
28 G E, 37 G F, 87 G KH

1 Die Garnelen abbrausen und trocken tupfen. Öl in einer beschichteten Pfanne erhitzen. Darin die Garnelen zugedeckt bei nicht zu großer Hitze in ca. 3 Min. gar dünsten. Mit 1 EL Zitronensaft beträufeln, mit Salz und Pfeffer würzen und die Pfanne vom Herd nehmen.

2 Frühlingszwiebeln putzen, waschen und in feine Ringe schneiden. Die Salatblätter waschen, trocken tupfen und in feine Streifen schneiden. Avocado entkernen, das Fruchtfleisch mit einem Esslöffel aus der Schale lösen und mit einer Gabel fein zerdrücken. Mit übrigem Zitronensaft verrühren, mit Salz und Pfeffer würzen.

3 In einer großen Pfanne die Tortillas nacheinander kurz von beiden Seiten erhitzen, bis sie sich leicht aufblasen und gut formbar sind.

4 Dann beide Tortillas in der Mitte in einem Streifen mit der Avocadocreme bestreichen. Mit Frühlingszwiebeln, Garnelen und Salat belegen, mit dem Dressing beträufeln und die Croûtons darüberstreuen. Die Fladen von unten über die Füllung klappen, dabei eine Seite einschlagen, dann die Tortillas fest zu Wraps aufrollen.

5 Für den Transport die Wraps in Butterbrotpapier oder Alufolie wickeln. Vor und nach dem Transport kalt stellen.

Sättigende Salate und farbenfrohe Bowls für die Box

LUNCH-SALATE

DIE SCHNELLEN 4 FÜR KNACKIGEN SALATSPASS

HONIGSENF

-->

Kombiniert leichte Senfschärfe mit zarter Honigsüße | perfekt für Dressings, Dips und belegte Brote | als Ersatz Honig-Senf-Sauce oder süßen Senf verwenden | würzt und süßt das leckere und blitzschnelle Basisdressing für **Schicht-Salate im Bügelglas** (Seite 60 / 61) | auch **Brokkolisalat mit Pecorino** (Seite 58) und **Kartoffelsalat mit Flusskrebsen** (Seite 62) werden durch ihn abgerundet | süßer Kick in **Sommerrollen** (Seite 22) und **Feta-Thunfisch-Wraps** (Seite 48) | Tipps: Mit 1 TL Honigsenf erhält der **Deftige Käseaufstrich** (Seite 39) eine leicht süßliche Note | nahezu jedes herzhaft belegte Brot kann 1 TL Honigsenf vertragen.

AVOCADO

<--

Liefert gesunde Fette und Vitamine | Lecithin und die B-Vitamine sind gut für die Nerven | komplexe Kohlenhydrate regulieren den Blutzuckerspiegel und sorgen für lang anhaltende Leistungsfähigkeit | ideales Fitness-Food | die besonders aromatische Sorte »Hass« bevorzugen | geniale Ergänzung für Pfirsich, Tomate und Mozzarella in **Pfirsich-Avocado-Caprese** (Seite 56) | verträgt sich bestens mit Couscous und Kochschinken im **Couscoussalat mit Avocado & Apfel** (Seite 61) | altbekannt auch als Dip unschlagbar, diesmal aber mit Minze und Limettensaft überraschend neu als **Mojito-Avocado-Dip** (Seite 24) | schmiegt sich in **Wraps** (Seite 50) zärtlich an Garnelen | **Tipp:** fein zerdrückt und mit Zitronensaft, Salz und Pfeffer gewürzt auch ein prima Brotaufstrich.

SALAT-MIX & BABY-BLATTSPINAT

Sind bereits küchenfertig: Sofern sie ganz frisch produziert und gekauft sind, brauchen sie auch nicht gewaschen zu werden, erst nach 1–2 Tagen Lagerung | die jungen Baby-Spinatblätter enthalten viel Beta-Carotin und sind ein sehr leckerer Salatersatz | Salat-Mix gibt es in vielen Varianten | grüne Grundlage für allerlei Salate wie etwa **Crunchy-Salat mit Himbeeren** (Seite 60) | Blattspinat verpasst dem **Cappelletti-Salat mit Erbsen** (Seite 68) einen grünen Anstrich | frisch-grüne Komponente in **Buddha-Bowls** (Seite 72) | in Schichtarbeit auf belegtem Brot wie der **Schinken-Spiegelei-Ecke** (Seite 40) oder dem **Bagel mit Hummus, Pesto & Mixed Veggies** (Seite 43) | Blitz-Salat: 1 Tüte Salat-Mix, 50 g Kirschtomaten, 50 g grob zerbröckelten Schafskäse (Feta) und 1 EL Salatkern-Mix mit einem feinen **Honigsenf-Dressing** (Seite 61) anmachen.

SALATKERN-MIX

Meist eine Mischung aus Sonnenblumen-, Kürbis- und Pinienkernen | gelegentlich ergänzt durch Sojakerne | enthält wertvolle Fette und Vitamine und sorgt für einen angenehmen Crunch | nach Belieben kurz rösten oder einfach so über den Salat streuen | gibt **Brokkolisalat mit Pecorino** (Seite 58) und **Spargelsalat mit Räucherforelle** (Seite 60) ordentlich Biss | verfeinert **Couscoussalat mit Avocado & Apfel** (Seite 61) | als unbekanntes Knusperobjekt im **Cappelletti-Salat mit Erbsen** (Seite 68) gesichtet | sorgt in Kombination mit **Apfel, Bergkäse & Schinken** (Seite 42) auch auf **Bagel** für das gewisse Etwas | **Tipp:** Die Salatkerne immer bei Bedarf frisch rösten, so schmecken sie am allerbesten!

PFIRSICH-AVOCADO-CAPRESE

Klassiker im neuen Kleid

FÜR 1 PORTION

1 Pfirsich (ersatzweise Nektarine, Kaki, rote oder gelbe Pflaumen)
1 Tomate
1 kleine Avocado
1 EL Zitronensaft
2 Stängel Basilikum
60 g Mozzarella
2 EL Aceto balsamico
1 EL Olivenöl
Salz | Pfeffer

ZUBEREITUNGSZEIT: 15 MIN.
PRO PORTION CA. 675 KCAL
15 G E, 60 G F, 17 G KH

1 Pfirsich waschen, halbieren und entsteinen. Tomate waschen und den Stielansatz keilförmig herausschneiden. Die Avocado halbieren und entkernen, das Fruchtfleisch mit einem Esslöffel aus der Schale lösen. Alles in dünne Scheiben schneiden, die Avocado gleichmäßig mit dem Zitronensaft beträufeln.

2 Basilikumblätter von den Stängeln zupfen. Den Mozzarella abtropfen lassen und ebenfalls in dünne Scheiben schneiden.

3 Pfirsich, Tomate, Avocado, Mozzarella und Basilikum abwechselnd dachziegelartig in zwei Reihen in eine Transportbox schichten, die Box verschließen. Die Caprese vor und nach dem Transport kalt stellen. Essig und Olivenöl in ein kleines Bügel- oder Twist-off-Glas füllen, Salz und Pfeffer extra verpacken.

4 Zum Lunch die Caprese mit Salz und Pfeffer würzen, mit der Marinade beträufeln und gleich essen. Dazu passt Ciabattabrot oder Baguette.

NOCH MEHR AROMA:

Fix noch 1 EL geröstete Haselnussblättchen, Pinien- oder Pistazienkerne über die Caprese streuen – und schon erhält der sommerliche Lunch weitere Finesse.

p
s

BROKKOLISALAT MIT PECORINO

Frischer Genuss in italienischen Farben

FÜR 1 PORTION

- 250 g Brokkoli
- 1 ½ EL Aceto balsamico bianco
- 2 TL Honigsenf
- 1 EL Olivenöl
- Salz | Pfeffer
- 60 g Kirschtomaten
- 2 Stängel Basilikum
- 3 Frühlingszwiebeln
- 40 g Pecorino (am Stück)
- 2 EL Salatkern-Mix

ZUBEREITUNGSZEIT: 20 MIN.
PRO PORTION CA. 510 KCAL
24 G E, 39 G F, 13 G KH

1 Den Brokkoli putzen, in kleine Röschen teilen, waschen und in einen Dämpfeinsatz geben. Im Topf über kochendem Wasser zugedeckt in 5 Min. bissfest dämpfen.

2 Inzwischen für das Dressing Essig, Honigsenf und Olivenöl in ein großes Bügelglas (800 ml) geben, verrühren. Mit Salz und Pfeffer würzen.

3 Den Brokkoli kalt abschrecken und abtropfen lassen. Die Tomaten waschen. Basilikumblätter von den Stängeln zupfen. Die Frühlingszwiebeln putzen, waschen und in feine Ringe schneiden. Den Käse mit dem Sparschäler in feinen Streifen abziehen und diese grob zerbröckeln.

4 Nacheinander Brokkoli, Tomaten, Basilikum, Käse, Frühlingszwiebelringe und den Salatkern-Mix in das Glas schichten. Das Glas verschließen und vor und nach dem Transport kalt stellen.

5 Zum Lunch den Brokkolisalat im Glas gründlich schütteln, dann auf einen Teller umfüllen. Nach Wunsch Weißbrot, Ciabatta oder Baguette dazu genießen.

TIPP:
Sollten die Brokkoliröschen nach dem Abtropfen noch recht nass sein, dann am besten in einer Salatschleuder trocken schleudern – so bleibt der Salatgeschmack schön intensiv!

4 × GENIALE SCHICHT-SALATE …

CRUNCHY-SALAT MIT HIMBEEREN

Für 1 Portion
Pro Portion ca. 599 kcal, 23 g E, 38 g F, 36 g KH

125 g **Himbeeren** waschen, abtropfen lassen. 1 kleine **rote Zwiebel** schälen und in kleine Würfel schneiden. 2 Handvoll **Salat-Mix** waschen und trocken schleudern. 60 g **Putenbrustaufschnitt** in breite Streifen schneiden. 50 g **festen Ziegenfrischkäse** (von der Käsetheke) grob zerbröckeln. Das Dressing noch mit 2 EL **Orangensaft** verrühren. Zwiebel, Aufschnitt, Ziegenfrischkäse, Himbeeren, Salat und 2 EL **Hafer Crunchy** darüberschichten.

SPARGELSALAT MIT RÄUCHERFORELLE

Für 1 Portion
Pro Portion ca. 748 kcal, 49 g E, 48 g F, 24 g KH

250 g **grünen Spargel** waschen, im unteren Drittel schälen und in mundgerechte Stücke schneiden. Mit 2 EL **Wasser** und 1 EL **Kräuterbutter** zugedeckt in einer Pfanne in 3–4 Min. bissfest dünsten, abkühlen lassen. 1 **Römersalatherz** zerpflücken, waschen und trocken schleudern, Blätter klein zupfen. 4 **Radieschen** putzen, waschen, in dünne Scheiben schneiden. 2 **geräucherte Forellenfilets** (ca. 125 g) grob zerzupfen. 50 g **getrocknete Tomaten** (in Öl) abtropfen lassen, klein schneiden. Dressing noch mit 1 TL **Meerrettich** (aus dem Glas) verrühren. Spargel, Radieschen, Forellenfilets, Tomaten, Salat und 2 EL **Salatkern-Mix** darüberschichten.

... im Bügelglas (800 ml): 1 EL Honigsenf, 1 ½ EL Aceto balsamico bianco und 1 EL Walnussöl verrühren, salzen, pfeffern und das Dressing ins Glas füllen. Übrige Salatzutaten einschichten, Glas verschließen. Dann zum Lunch nur noch alles gut schütteln und auf einen Teller geben.

COUSCOUSSALAT MIT AVOCADO & APFEL

Für 1 Portion

Pro Portion ca. 688 kcal, 25 g E, 41 g F, 51 g KH

50 g **Couscous** mit 50 ml **leicht gesalzenem Wasser** in einem Topf aufkochen und knapp 1 Min. kochen lassen, vom Herd nehmen und zugedeckt 10 Min. quellen lassen, auflockern und abkühlen lassen. ½ **Avocado** entkernen. Das Fruchtfleisch mit einem Esslöffel aus der Schale lösen, grob würfeln, mit 2 TL **Zitronensaft** beträufeln und salzen. ½ **Apfel** waschen, entkernen, klein würfeln. 1 Handvoll **Salat-Mix** (mit Feldsalat) waschen und trocken schleudern. 50 g **gekochten Schinken** (am Stück) ebenfalls klein würfeln. Das Dressing noch mit 1 TL **Meerrettich** (aus dem Glas) verrühren. Couscous, Apfel, Schinken, Avocado, Salat und 1 EL **Salatkern-Mix** darüberschichten.

NUDELSALAT MIT BERGKÄSE

Für 1 Portion

Pro Portion ca. 905 kcal, 30 g E, 50 g F, 81 g KH

100 g **kurze Nudeln** (z. B. Fusilli, Casarecce oder Ghiottole) nach Packungsanweisung in Salzwasser bissfest garen. Dann in ein Sieb abgießen, kalt abschrecken, abtropfen lassen. Inzwischen 2 Handvoll **Rucola** waschen und trocken schleudern. 4 **Radieschen** putzen, waschen und in nicht zu dünne Stifte schneiden. 50 g **Bergkäse** (am Stück, z. B. Stilfser) in kleine Würfel schneiden. Nudeln, Radieschen, Käse, 2 EL **Oliven** (ohne Stein), Rucola und 1 EL **Pekannusskerne** über das Dressing schichten.

KARTOFFELSALAT MIT FLUSSKREBSEN

Neuer Lieblingssalat

FÜR 1 PORTION

200 g kleine Kartoffeln (Drillinge)
Salz
2 Frühlingszwiebeln
6 Radieschen
80 g Flusskrebsschwänze (geschält und gegart, aus dem Kühlregal)
1 EL Rotweinessig
2 TL Honigsenf
1 TL Meerrettich (aus dem Glas)
2 TL TK-Dill
1 EL Rapsöl
Salz | Pfeffer

ZUBEREITUNGSZEIT: 30 MIN.
PRO PORTION CA. 305 KCAL
18 G E, 12 G F, 30 G KH

1 Die Kartoffeln waschen und in einem Topf knapp mit Wasser bedecken, salzen. Aufkochen und mit schräg aufgelegtem Deckel bei kleiner bis mittlerer Hitze in 15–20 Min. gar kochen.

2 Inzwischen die Frühlingszwiebeln putzen, waschen und in feine Ringe schneiden. Die Radieschen putzen, waschen und in nicht zu dünne Stifte schneiden. Die Flusskrebse in einem Sieb abbrausen und abtropfen lassen.

3 Für das Dressing Essig, Senf, Meerrettich und Dill verrühren, das Öl unterschlagen. Mit Salz und Pfeffer würzen. Kartoffeln abgießen und ein wenig ausdampfen lassen, dann samt Schale in dicke Scheiben schneiden und mit dem Dressing mischen. Die Flusskrebse dazugeben, den Salat mit Salz und Pfeffer abschmecken.

4 Kartoffelsalat in einen (mikrowellenfesten) Transportbehälter, die Frühlingszwiebeln und die Radieschen in eine Transportbox füllen. Beides verschließen und vor und nach dem Transport kalt stellen.

5 Zum Lunch die Radieschen und die Frühlingszwiebeln unter den Kartoffelsalat (nach Belieben vorher noch in der Mikrowelle lauwarm erhitzen) mischen und den Salat genießen.

REMEMBER

MATJESSALAT MIT GRÜNEN BOHNEN

Nordischer Klassiker ganz neu

FÜR 1 PORTION

150 g grüne Bohnen
200 g festkochende Kartoffeln
1 Frühlingszwiebel
½ Apfel
1 Matjesfilet (ca. 100 g)
1 EL Rotweinessig
1 TL Honig
1 EL TK-6-Kräuter-Mischung
1 EL Rapsöl
Salz | Pfeffer

ZUBEREITUNGSZEIT: 30 MIN.
PRO PORTION CA. 520 KCAL
22 G E, 33 G F, 40 G KH

1 Die Bohnen waschen, putzen und in mundgerechte Stücke schneiden. Die Kartoffeln schälen, in 1 cm große Würfel schneiden und in einen Dämpfeinsatz geben. Im Topf über kochendem Wasser zugedeckt 5 Min. dämpfen. Dann die Bohnen dazugeben und alles weitere 5–7 Min. dämpfen, bis Kartoffeln und Bohnen gar sind.

2 Inzwischen die Frühlingszwiebel putzen, waschen und in feine Ringe schneiden. Apfel waschen, entkernen und in dünne Scheiben schneiden, diese halbieren. Das Matjesfilet in mundgerechte Stücke schneiden.

3 Für das Dressing Essig, Honig und Kräuter verrühren, das Öl unterschlagen. Mit Salz und Pfeffer würzen. Die Bohnen und Kartoffeln in ein Sieb abgießen, kalt abschrecken und gut abtropfen lassen.

4 Das Dressing mit den vorbereiteten Zutaten mischen und den Salat mit Salz und Pfeffer abschmecken. Den Salat in eine Transportbox füllen. Die Box verschließen und vor und nach dem Transport kalt stellen.

LUST AUF NUSS?

Den Matjessalat nach Belieben noch mit ein paar Nüssen (z. B. Walnuss- oder Pekannusskerne) ergänzen! Das schmeckt sehr fein! Oder auch mal geröstete Kürbis- oder Sonnenblumenkerne aufstreuen.

BOHNENSALAT MIT FETA

Superleckere Kombi

FÜR 2 PORTIONEN

1 Dose weiße Riesenbohnen (250 g Abtropfgewicht)
2 Frühlingszwiebeln
2 EL Aceto balsamico bianco
2 TL Honig
½ TL gemahlener Kreuzkümmel
½ TL edelsüßes Paprikapulver
1 EL Olivenöl
Salz | Pfeffer
200 g Kirschtomaten
2 EL Mandeln (mit oder ohne Haut)
80 g Schafskäse (Feta)

ZUBEREITUNGSZEIT: 15 MIN.
PRO PORTION CA. 350 KCAL
18 G E, 21 G F, 21 G KH

1 Die Bohnen in ein Sieb gießen, abbrausen und abtropfen lassen. Frühlingszwiebeln putzen, waschen und in feine Ringe schneiden.

2 Für das Dressing Essig, Honig und Gewürze verrühren, das Öl unterschlagen. Mit Salz und Pfeffer würzen. Bohnen und Frühlingszwiebeln mit dem Dressing mischen. Den Salat mit Salz und Pfeffer abschmecken.

3 Tomaten waschen und die Hälfte davon mit der Hälfte des Bohnensalats und der Hälfte der Mandeln mischen. Den Salat in eine Transportbox füllen, die Hälfte des Fetas darüberbröckeln. Die Box verschließen, vor und nach dem Transport kalt stellen. Restlichen Bohnensalat und Feta für morgen kalt stellen, übrige Tomaten und Mandeln bereit stellen.

4 Zum Lunch den Feta unter den Bohnensalat mischen und den Salat genießen. Am nächsten Tag den restlichen Bohnensalat mit den übrigen Zutaten genauso zubereiten.

CAPPELLETTI-SALAT MIT ERBSEN

Blitzschneller Sattmacher

FÜR 1 PORTION

100 g TK-Erbsen
Salz
200 g frische Cappelletti (aus dem Kühlregal)
75 g Hirtensalat (aus dem Kühlregal)
75 g getrocknete Tomaten (in Öl)
1 Handvoll Baby-Blattspinat
1 EL Salatkern-Mix
2 EL Aceto balsamico bianco
Pfeffer

ZUBEREITUNGSZEIT: 20 MIN.
PRO PORTION CA. 755 KCAL
39 G E, 32 G F, 79 G KH

1 In einem Topf Wasser zum Kochen bringen. Die Erbsen hineingeben, salzen, aufkochen und 2 Min. kochen lassen. Dann die Cappelletti hinzufügen und nach Packungsanweisung in ca. 4 Min. bissfest garen. Beides in ein Sieb abgießen, kalt abschrecken, abtropfen lassen.

2 Inzwischen den Hirtensalat und die Tomaten abtropfen lassen, dabei 1 EL Salatmarinade auffangen. Tomaten klein schneiden. Den Spinat waschen und trocken schleudern.

3 Die Nudeln und Erbsen mit dem Hirtensalat, den Tomaten, aufgefangener Marinade sowie dem Salatkern-Mix und dem Essig mischen. Mit Salz und Pfeffer würzen.

4 Den Salat in eine Transportbox füllen, den Spinat darauf verteilen. Die Box verschließen und vor und nach dem Transport kalt stellen. Zum Lunch den Cappelletti-Salat nur noch einmal durchrühren, dann gleich genießen.

TIPP:
Anstatt des fertigen Hirtensalats können Sie gerne auch 2 EL Oliven (ohne Stein), 3 EL gewürfelten Schafskäse (Feta) und 1 EL Olivenöl unter den Salat mischen.

GLASNUDELSALAT MIT HACK

Asia-Genuss für den großen Hunger

FÜR 1 PORTION

- **50 g Glasnudeln**
- **2 EL Sojasauce**
- **1 EL geröstetes Sesamöl**
- **1 EL Honig**
- **2 EL Zitronensaft**
- **2 TL TK-Ingwer**
- **1 EL Sonnenblumenöl**
- **125 g gemischtes Hackfleisch**
- **½ rote Paprika**
- **1 Möhre**
- **4 Stängel Koriandergrün**
- **2 EL Erdnusskerne**

ZUBEREITUNGSZEIT: 25 MIN.
PRO PORTION CA. 980 KCAL
37 G E, 60 G F, 72 G KH

1 Die Glasnudeln nach Packungsanweisung einweichen und garen. Dann die Nudeln abgießen, kalt abschrecken und abtropfen lassen.

2 Inzwischen für das Dressing Sojasauce, Sesamöl, Honig, Zitronensaft und den Ingwer verrühren. Das Sonnenblumenöl in einer Pfanne erhitzen. Darin das Hackfleisch bei großer Hitze unter Rühren in 4–5 Min. bröselig braten. Dann das Dressing dazugeben und kurz einkochen lassen. Die Pfanne vom Herd nehmen.

3 Von der Paprika die weißen Trennwände und Kerne entfernen, die Hälfte waschen und in feine Streifen schneiden. Die Möhre schälen und mit dem Sparschäler feine Streifen abziehen. Den Koriander abbrausen und trocken schütteln, die Blätter abzupfen.

4 Glasnudeln mit Paprika- und Möhrenstreifen, Koriander sowie Erdnüssen mischen und in eine Transportbox oder ein großes Bügelglas füllen. Das Hackfleisch samt Dressing daraufgeben. Die Box oder das Glas verschließen, vor und nach dem Transport kalt stellen.

5 Zum Lunch alle Salatzutaten in der Box verrühren oder im Glas gründlich schütteln und den Glasnudelsalat genießen.

PERFEKTE ERGÄNZUNG:

1 Handvoll Spitzkohlstreifen 1 Min. mit dem Hackfleisch mitbraten, dann das Dressing dazugeben. Ansonsten bleibt alles gleich.

4 × GENIALE BUDDHA-BOWLS ...

COUSCOUS-STEAK-BOWL

Für 1 Portion
Pro Portion ca. 740 kcal, 35 g E, 45 g F, 47 g KH

50 g **Couscous** mit etwas **Salz** in eine Schüssel geben, mit 70 ml kochend heißem **Wasser** übergießen und zugedeckt 10 Min. quellen lassen. In einer Pfanne 1 EL **Olivenöl** erhitzen. 1 **Rinderhüftsteak** (1,5 cm dick, ca. 125 g) darin beidseitig ca. 1 Min. scharf anbraten. **Salzen, pfeffern** und in Alufolie wickeln. 80 g **bunte Kirschtomaten** waschen, halbieren. Mit 2 EL **Korianderblättern,** 1 EL **Aceto balsamico bianco** und 1 EL **Olivenöl** verrühren, salzen, pfeffern. 1 Handvoll **Salat-Mix** waschen und trocken schleudern. 100 g **griechischen Joghurt** mit 1 TL **Aceto balsamico bianco** und 1 TL **Sambal oelek** (gern auch etwas mehr) verrühren, mit Salz und Pfeffer würzen. Steak in Streifen schneiden. Jetzt nur noch alles in die Schüssel schichten.

BUCHWEIZEN-MÖHREN-BOWL

Für 1 Portion
Pro Portion ca. 480 kcal, 12 g E, 17 g F, 66 g KH

125 ml **Wasser,** 1 TL **Gemüsebrühe (Instant)** und etwas **Salz** aufkochen. 50 g **Buchweizen-Bulgur** einstreuen und zugedeckt 2–3 Min. bei mittlerer Hitze köcheln lassen. Herd ausschalten und den Bulgur ca. 10 Min. quellen lassen. 100 g **Snack-Möhren** waschen, längs halbieren. 1 EL **Olivenöl** in einer Pfanne erhitzen. Darin die Möhren und 1 EL **getrocknete Cranberrys** 5 Min. andünsten. 1 EL **Zitronensaft** und 1 TL **Honig** unterrühren, mit **Salz** und **Pfeffer** würzen. 1 Handvoll **Baby-Blattspinat** waschen und trocken schleudern. 50 g **eingelegte Rote-Bete-Scheiben** abtropfen lassen. Jetzt nur noch alles mit 50 g **Kräuterquark** in die Schüssel schichten. Wunderbare Ergänzungen: ein paar frische Kräuter (z. B. Dill oder Minze), Sprossen oder Mandeln.

…, die ein echter Augenschmaus und zudem gesund sind. So sorgen die Bowls für eine gute Portion Wellness an stressigen Tagen. Einfach alles in eine Schüssel mit Deckel häufen … und dann nur noch genießen.

GLASNUDEL-GARNELEN-BOWL

Für 1 Portion
Pro Portion ca. 495 kcal, 23 g E, 19 g F, 57 g KH

50 g **Glasnudeln** nach Packungsanweisung einweichen und garen, abgießen, kalt abschrecken, abtropfen lassen. 2 **Frühlingszwiebeln** putzen, waschen und in feine Ringe schneiden. 1 EL **Erdnusskerne** in einer beschichteten Pfanne hellbraun anrösten, herausnehmen. 2 TL **Öl** in der Pfanne erhitzen. 80 g **TK-Garnelen** (geschält, aufgetaut) darin zugedeckt bei nicht zu großer Hitze in 3 Min. gar dünsten. Mit 1 EL **Zitronensaft** beträufeln, **salzen** und **pfeffern,** vom Herd nehmen. ½ **orange Paprika** putzen, waschen, in feine Streifen schneiden. Alles in die Schüssel schichten. Dann noch 3 EL **Sojasauce,** 1 EL **Zitronensaft,** 1 TL **Honig** und 1 TL **Sambal oelek** verrühren, mit **Salz** und **Pfeffer** würzen. Das Dressing separat verpacken und zum Lunch die Bowl damit beträufeln.

MILCHREIS-FRÜCHTE-BOWL

Für 1 Portion
Pro Portion ca. 620 kcal, 16 g E, 21 g F, 91 g KH

200 ml **Milch** in einem kleinen Topf erhitzen. 50 g **Minuten-Milchreis** dazugeben und zugedeckt bei kleiner Hitze 5 Min. köcheln lassen, vom Herd nehmen und 10 Min. quellen lassen. Milchreis mit 50 ml **gelbem Frucht-Smoothie** verrühren, dann abkühlen lassen. 1 **Nektarine** (ersatzweise Pfirsich, Mango, Apfel) halbieren, entsteinen und in dünne Spalten schneiden. 50 g **Heidelbeeren** (ersatzweise Himbeeren) waschen. Jetzt nur noch alles mit 1 EL **getrockneten Goji-Beeren,** 1 EL **Kokoschips** und 1 EL **Hafer Crunchy** in die Schüssel schichten. Wunderbare Ergänzungen: Minze, Chia-Samen, Quinoa-Pops, Nüsse.

Herzerwärmende Suppen und Eintöpfe

FEINES FÜR DEN LÖFFEL

DIE SCHNELLEN 4 FÜR FEINES LÖFFELGLÜCK

MAIS & HÜLSENFRÜCHTE (AUS DER DOSE)

Mais und Kidneybohnen sind in Mini-Dosen (140 g oder 125 g Abtropfgewicht) erhältlich, daher perfekt geeignet für alle 1-Personen-Gerichte to go | absolute Allrounder für Dips, Suppen, Salate | mit Kichererbsen, Linsen und Riesenbohnen in etwas größeren Dosen kann man gleich 2-Tage-Gerichte zaubern | Kichererbsen machen an 2 Tagen als **Tomaten-Kichererbsen-Topf** (Seite 90) satt | Mais ist Einlage von **Kartoffel-Mais-Suppe** zum Aufgießen (Seite 86) und toppt als würzige Salsa **Süßkartoffelpüree** (Seite 112) und in Kombination mit scharf angemachtem Hackfleisch einen **Linsensalat** (Seite 113) | Riesenbohnen munden am ersten Tag als **Bohnensalat mit Feta** (Seite 66) so gut, dass man abends schon den Rest isst.

STÜCKIGE TOMATEN (AUS DER DOSE)

Bereits zerkleinert und superfruchtig perfekt für schnelle Suppen, Eintöpfe, Saucen, Aufläufe | auch unter der Bezeichnung »Pizzatomaten« erhältlich | reich an gesundem, antioxidativem Lycopin | aromatische Basis für mediterrane Suppen und Eintöpfe wie etwa **Marokkanische Gemüsesuppe** (Seite 82) und **Tomaten-Kichererbsen-Topf** (Seite 90) | in Kombination mit einigen Kräutern und Gewürzen schnelle Sauce für Aufläufe wie **Süßkartoffelauflauf mit Hack** (Seite 106) und **Veggie-Maultaschen-Auflauf** (Seite 102).

EXOTISCHE GEWÜRZ-MISCHUNGEN & -PASTEN

Durch internationale Einflüsse halten immer mehr Gewürzmischungen Einzug ins Supermarktregal | neben Currypaste der neue Star: Tajine-Gewürzmischung aus Marokko | gelbe Currypaste versieht **Mie-Nudelsuppe mit Garnelen** (Seite 84) und **Erdnuss-Curry-Suppe** (Seite 87) mit angenehm milder Schärfe | bei **Curryreis mit Nektarinen-Chutney** (Seite 113) kommen sowohl Reis als auch Chutney in den Genuss der reichen Currywürze | weniger bekanntes, klassisch indisches Garam masala hüllt **Rote-Linsen-Masala** (Seite 94) in einen sanften Gewürzschleier | mit der Tajine-Gewürzmischung wird es aufregend orientalisch, etwa mit einer **Gemüsesuppe** (Seite 82) | auch Couscous mag das warme Aroma von Koriander, Zimt und Kreuzkümmel und lässt sich gleich zweimal davon verwöhnen, als **Couscoustopf** (Seite 86) und als **Gemüsecouscous mit Mojoghurt** (Seite 114).

TK-SUPPENGEMÜSE

Bunte Mischung aus mundgerechten Stücken typischer Gemüsesorten wie Möhren, Lauch, Erbsen, Sellerie und Bohnen, ab und zu auch Weißkohl, Pastinaken, Blumenkohl | erntefrisch vorbereitet und sofort tiefgefroren bleibt ein Großteil der Vitamine erhalten | portionsweise entnehmbar, daher perfekt fürs spontane Suppenkochen | in der exotischen **Süßkartoffel-Kokos-Suppe** (Seite 78) ebenso zu Hause wie im Klassiker **Kartoffel-Spargel-Suppe** (Seite 80) | liebt als Einlage in der **Marokkanischen Gemüsesuppe** (Seite 82) auch Ausflüge nach Nordafrika | präsentiert sich in afrikanisch angehauchter **Erdnuss-Curry-Suppe** (Seite 87) und indischem **Rote-Linsen-Masala** (Seite 94) als echter Weltenbummler.

SÜSSKARTOFFEL-KOKOS-SUPPE

Wärmt Leib und Seele

FÜR 2 PORTIONEN

350 g Süßkartoffeln (ersatzweise Hokkaido-Kürbis oder 300 g TK-Kürbiswürfel)
100 g TK-Suppengemüse
200 g Kokosmilch
100 ml Orangensaft
2 TL Gemüsebrühe (Instant)
2 TL Currypulver
1 EL Limettensaft
Salz
ein paar Tropfen Honig
4 EL griechischer Joghurt

ZUBEREITUNGSZEIT: 25 MIN.
PRO PORTION CA. 450 KCAL
9 G E, 25 G F, 46 G KH

1 Die Süßkartoffeln schälen und klein würfeln. Mit 200 ml Wasser, Suppengemüse, Kokosmilch, Orangensaft, Gemüsebrühe und Currypulver zum Kochen bringen und dann zugedeckt bei kleiner bis mittlerer Hitze ca. 10 Min. köcheln lassen.

2 Den Topf vom Herd nehmen, Limettensaft dazugeben. Alles mit dem Pürierstab möglichst fein pürieren. Die Suppe mit Salz und Honig abschmecken. Abkühlen lassen.

3 Die Hälfte der Suppe in ein großes Bügelglas füllen, die Hälfte des Joghurts in ein kleines Bügel- oder Twist-off-Glas. Beides verschließen und vor und nach dem Transport kalt stellen. Die restliche Suppe und den übrigen Joghurt zugedeckt kalt stellen.

4 Zum Lunch die Süßkartoffel-Kokos-Suppe in einen tiefen Teller oder eine Suppenschale umfüllen und in der Mikrowelle erhitzen. Den Joghurt daraufgeben und die Suppe genießen. Nach Wunsch Fladenbrot oder Baguette dazu reichen. Am nächsten Tag restliche Suppe und den übrigen Joghurt genauso zubereiten.

TUNING-TIPP:

Den Joghurt nach Belieben noch mit etwas Cayennepfeffer schärfen oder für eine indische Raita mit 1 EL gehacktem Koriandergrün, 2 TL Zitronensaft, 1 EL kleinen Gurkenwürfeln verfeinern und mit Salz und Pfeffer würzen.

KARTOFFEL-SPARGEL-SUPPE

Löffel für Löffel ein Genuss

FÜR 1 PORTION

1 große vorwiegend festkochende Kartoffel (ca. 150 g)
1 TL Gemüsebrühe (Instant)
50 g TK-Suppengemüse
4 Stangen grüner Spargel
1 EL Kräuterbutter
2 EL Frischkäse
2 TL Zitronensaft
Salz | Pfeffer
2 Scheiben Graved Lachs (ca. 30 g, ersatzweise Räucherlachs)

ZUBEREITUNGSZEIT: 30 MIN.
PRO PORTION CA. 400 KCAL
14 G E, 27 G F, 24 G KH

1 Die Kartoffel schälen und klein würfeln. Mit 250 ml Wasser, Brühe und Suppengemüse zum Kochen bringen und dann zugedeckt bei kleiner bis mittlerer Hitze ca. 10 Min. köcheln lassen.

2 Den Spargel waschen, im unteren Drittel schälen und die Stangen halbieren. Die unteren Spargelhälften klein schneiden, nach 5 Min. in die Suppe geben und mitgaren.

3 Die oberen Spargelhälften in mundgerechte Stücke schneiden und mit ½ EL Kräuterbutter und 2 EL des Suppenfonds in eine Pfanne geben. Erhitzen und zugedeckt in 3–4 Min. bissfest dünsten, dann vom Herd nehmen.

4 Frischkäse, die restliche Kräuterbutter und 1 TL Zitronensaft in die Suppe geben. Alles mit dem Pürierstab möglichst fein pürieren. Suppe mit Salz, Pfeffer und dem übrigen Zitronensaft abschmecken. Die Spargelstücke in die Suppe geben, abkühlen lassen.

5 Suppe in ein großes Bügelglas füllen. Lachs in Streifen schneiden oder in Stücke zupfen und in eine Transportbox füllen. Beides verschließen und vor und nach dem Transport kalt stellen.

6 Zum Lunch die Kartoffel-Spargel-Suppe in einen tiefen Teller oder eine Suppenschale umfüllen und in der Mikrowelle erhitzen. Den Lachs in die heiße Suppe geben. Nach Wunsch mit 1–2 Scheiben Brot (z. B. Roggen- oder Bauernbrot) genießen.

BLACK BOY®
Salt
BLACK BOY®
Salt

MAROKKANISCHE GEMÜSESUPPE

Leicht & vegetarisch

FÜR 1 PORTION

1 gelbe Paprika
2 EL Olivenöl
100 g TK-Suppengemüse
1 EL Honig
2 TL Tajine-Gewürzmischung (ersatzweise Ras el Hanout)
2 EL Rosinen
1 Dose stückige Tomaten (400 g)
2 TL Gemüsebrühe (Instant)
Salz
1 TL Ajvar
Pfeffer
½ EL Zitronensaft

ZUBEREITUNGSZEIT: 25 MIN.
PRO PORTION CA. 530 KCAL
12 G E, 25 G F, 61 G KH

1 Die Paprika halbieren, weiße Trennwände und Kerne entfernen, die Hälften waschen und in kleine Würfel schneiden. Olivenöl in einem Topf erhitzen. Darin die Paprikawürfel und das Suppengemüse 5 Min. andünsten.

2 Honig dazugeben und leicht karamellisieren lassen. Die Gewürzmischung und Rosinen unterrühren, Tomaten und Gemüsebrühe dazugeben, salzen. Die Suppe bei kleiner bis mittlerer Hitze 10 Min. köcheln lassen – erst 5 Min. zugedeckt, dann 5 Min. offen.

3 Das Ajvar unter die Gemüsesuppe rühren. Mit Salz, Pfeffer und Zitronensaft abschmecken und abkühlen lassen. Dann die Suppe in ein großes Bügelglas füllen. Glas verschließen und vor und nach dem Transport kalt stellen.

4 Zum Lunch die Gemüsesuppe in einen tiefen Teller oder eine Suppenschale umfüllen und in der Mikrowelle erhitzen. Nach Wunsch Fladenbrot oder Baguette dazu genießen.

HERBSTGRÜSSE:

Für eine herbstliche Gemüsesuppe statt der Paprika 1 Stück Hokkaido-Kürbis (ca. 150 g) in 1 cm große Würfel schneiden und die Suppe wie beschrieben zubereiten.

MIE-NUDELSUPPE MIT GARNELEN

Eins, zwei, ... fertig!

FÜR 1 PORTION

2 TL Gemüsebrühe (Instant)
2 TL gelbe Currypaste
1 EL Mango-Chutney
75 g Kirschtomaten
80 g Mie-Nudeln
75 g Garnelen (geschält, frisch oder aufgetaute TK-Ware)
2 Frühlingszwiebeln
Salz
½ EL Zitronensaft
2 Stängel Basilikum

ZUBEREITUNGSZEIT: 20 MIN.
PRO PORTION CA. 425 KCAL
24 G E, 4 G F, 72 G KH

1 In einem Topf 350 ml Wasser mit Gemüsebrühe, Currypaste und Mango-Chutney zum Kochen bringen. Tomaten waschen, eventuell halbieren und mit den Nudeln in den Topf geben. Die Suppe zugedeckt bei kleiner bis mittlerer Hitze ca. 3 Min. köcheln lassen.

2 Die Garnelen abbrausen, trocken tupfen und in die Suppe geben. Alles bei kleiner Hitze noch ca. 3 Min. ziehen lassen, bis die Mie-Nudeln bissfest und die Garnelen gar sind. Inzwischen die Frühlingszwiebeln putzen, waschen und in feine Ringe schneiden.

3 Die Nudelsuppe mit Salz und Zitronensaft abschmecken. Frühlingszwiebeln in die Suppe geben, die Suppe abkühlen lassen. Basilikumblätter von den Stängeln zupfen und unter die Suppe rühren.

4 Die Mie-Nudelsuppe in ein großes Bügelglas füllen. Das Glas verschließen und vor und nach dem Transport kalt stellen. Zum Lunch die Suppe in einen tiefen Teller oder eine Suppenschale umfüllen, in der Mikrowelle erhitzen, genießen.

EIJING FRIENDSHIP STORE
JIANGUOMENSTREET

4 × SUPERSCHNELLE SUPPEN ...

KARTOFFEL-MAIS-SUPPE

Für 1 Portion
Pro Portion ca. 615 kcal, 25 g E, 18 g F, 87 g KH

1 Dose **Mais** (140 g Abtropfgewicht) abtropfen lassen. 4 Stängel **Petersilie** abbrausen, trocken schütteln, die Blätter abzupfen und grob hacken. 2 **Frühlingszwiebeln** putzen, waschen und in feine Ringe schneiden. In einer Pfanne ½ EL **Öl** erhitzen. Darin 50 g **magere Schinkenwürfel** anbraten, die Zwiebeln dazugeben und 2 Min. mitbraten. Vom Herd nehmen. Nacheinander in das Glas füllen: 5 EL **Kartoffelflocken** (für Kartoffelpüree oder Stampfkartoffeln), 2 TL **Gemüsebrühe (Instant),** Petersilie, Schinken-Frühlingszwiebel-Mischung, Mais und 1 EL **Crème fraîche.** Mit 1 TL **Aceto balsamico bianco,** etwas **edelsüßem Paprikapulver** und **Pfeffer** würzen. Aufgießen mit: 300 ml **Wasser.** Ziehen lassen: 5 Min.

COUSCOUSTOPF

Für 1 Portion
Pro Portion ca. 640 kcal, 17 g E, 28 g F, 75 g KH

½ **rote Paprika** und ½ kleine **Fenchelknolle** waschen, putzen und klein würfeln. In einer Pfanne 1 EL **Olivenöl** erhitzen. Das Gemüse darin 2 Min. anbraten, dann mit 100 ml **Wasser** aufgießen und zugedeckt 5 Min. dünsten, bis das Gemüse knapp gar und das Wasser verkocht ist. Vom Herd nehmen. 2 EL **Tomatenmark** mit 1 EL **Honig,** 1 EL **Olivenöl,** 1 TL **Tajine-Gewürzmischung** (ersatzweise Ras el Hanout) und 1 EL **Zitronensaft** verrühren, **salzen, pfeffern.** Nacheinander in das Glas füllen: Gewürze-Mix, 3 EL **Couscous,** Paprika-Fenchel-Mischung, 4 **vegetarische Bällchen** (ca. 80 g, z. B. Seitan- oder Falafelbällchen, aus dem Kühlregal) und 2 EL **TK-Petersilie.** Aufgießen mit: 250 ml **Wasser.** Ziehen lassen: 6 Min.

… fein eingeschichtet in einem Bügelglas (900 ml) oder »Mason Jar«, wie es auf neudeutsch heißt. Zum Lunch dann nur noch mit kochend heißem Wasser übergießen, umrühren und kurz warten. Fertig!

VIETNAMSUPPE

Für 1 Portion
Pro Portion ca. 465 kcal, 27 g E, 6 g F, 76 g KH

In einem Topf wenig Wasser aufkochen, **salzen.** Darin 100 g **TK-Erbsen** und 80 g **Mie-Nudeln** 3 Min. kochen, dann bei kleiner Hitze weitere 3 Min. ziehen lassen. Alles in ein Sieb abgießen, abtropfen lassen. 2 **Frühlingszwiebeln** putzen, waschen, in feine Ringe schneiden. 2 Stängel **Minze** abbrausen und trocken schütteln, die Blätter abzupfen. 50 g **Roastbeefaufschnitt** in Streifen schneiden. 1 **rote Chilischote** putzen, waschen, fein schneiden. 2 TL **Gemüsebrühe (Instant),** 1 ½ EL **Limettensaft,** ½ TL **Ingwerpulver,** 1 TL **Lebkuchengewürz** und 2 TL **Rohrohrzucker** verrühren, **salzen** und **pfeffern.** Nacheinander in das Glas füllen: Gewürze-Mix, Nudel-Erbsen-Mischung, Frühlingszwiebeln, Roastbeef, Minze und Chili. Aufgießen mit: 300 ml **Wasser.** Ziehen lassen: 3 Min.

ERDNUSS-CURRY-SUPPE

Für 1 Portion
Pro Portion ca. 630 kcal, 43 g E, 39 g F, 22 g KH

In einem Topf wenig Wasser aufkochen, **salzen.** Darin 150 g **TK-Suppengemüse** in 6 Min. bissfest garen, dabei nach 5 Min. 100 g **TK-Garnelen** (geschält, gegart) dazugeben. Alles in ein Sieb abgießen, dabei ein wenig Kochsud auffangen. 2 EL **Erdnussmus** mit 2 TL **gelber Currypaste,** 2 EL **Limettensaft,** 2 TL **Honig,** 2 TL **Gemüsebrühe (Instant)** und 3 EL Kochsud verrühren, **salzen.** 3 Stängel **Koriandergrün** abbrausen und trocken schütteln, die Blätter abzupfen. Nacheinander in das Glas füllen: Gewürze-Mix, 50 g **TK-Blattspinat** (nicht zu Blöcken gepresst), Suppengemüse-Garnelen-Mischung, Koriandergrün und 2 EL **Erdnusskerne.** Aufgießen mit: 250 ml **Wasser.** Ziehen lassen: 5 Min.

GRÜNE GAZPACHO

Eiskalter Erfrischer an heißen Tagen

FÜR 1 PORTION

- ½ Salatgurke
- ½ grüne Paprika
- 1 grüne Chilischote
- 2 Frühlingszwiebeln
- 4 Stängel Petersilie
- 60 g Brotchips
- 1 ½ EL Aceto balsamico bianco
- 1 EL Olivenöl
- Salz | Pfeffer
- 1 Prise Zucker

ZUBEREITUNGSZEIT: 10 MIN.
PRO PORTION CA. 430 KCAL
8 G E, 20 G F, 53 G KH

1 Die Gurke schälen. Die Paprika halbieren, weiße Trennwände und Kerne entfernen, die Hälften waschen. Die Chilischote halbieren und die Kerne entfernen, die Hälften waschen. Frühlingszwiebeln putzen und waschen. Alles klein schneiden. Petersilie abbrausen und trocken schütteln, die Blätter abzupfen.

2 Das vorbereitete Gemüse und die Petersilie mit der Hälfte der Brotchips, Essig und Öl in einen Blitzhacker geben und fein pürieren. Mit Salz, Pfeffer und Zucker abschmecken.

3 Die Gazpacho in ein großes Bügelglas füllen. Das Glas verschließen und vor und nach dem Transport kalt stellen. Die übrigen Brotchips ebenfalls für den Transport verpacken.

4 Zum Lunch die Gazpacho am besten noch 10 Min. ins Tiefkühlfach stellen. Dann mit den Brotchips genießen.

AROMA-TIPP:

Die knusprigen Brotchips gibt es in allerlei Geschmacksrichtungen. Für diese grüne Gazpacho eignen sich vor allem die Sorten Meersalz, Knoblauch, Zwiebel, Kräuter oder Tomaten & Olive.

TOMATEN-KICHERERBSEN-TOPF

Mit spannender Gewürz-Kombi

FÜR 2 PORTIONEN

1 Dose Kichererbsen (265 g Abtropfgewicht)
1 Zucchino
2 EL Olivenöl
Salz | Pfeffer
1 Pck. TK-Zwiebel-Duo
100 g Möhrenstifte (aus der Frischetheke, ersatzweise Gemüse-Nudeln aus Möhren)
1 TL getrocknete Kräuter der Provence
1 TL Currypulver
½ TL gemahlener Kreuzkümmel
1 EL Honig
1 Dose stückige Tomaten (400 g)
2 TL Gemüsebrühe (Instant)
1 EL Aceto balsamico bianco

ZUBEREITUNGSZEIT: 20 MIN.
PRO PORTION CA. 605 KCAL
29 G E, 19 G F, 78 G KH

1 Kichererbsen in ein Sieb gießen, abbrausen und abtropfen lassen. Den Zucchino waschen, putzen und 1,5 cm groß würfeln. In einem Topf 1 EL Öl erhitzen. Zucchino darin 2 Min. anbraten, salzen und pfeffern, aus dem Topf nehmen.

2 Im Topf übriges Olivenöl erhitzen. Zwiebel-Duo und Möhrenstifte darin andünsten. Kräuter der Provence, Curry, Kreuzkümmel und Honig dazugeben und kurz mitdünsten.

3 Tomaten, Kichererbsen, Brühe, Essig und 200 ml Wasser hinzufügen, salzen, aufkochen. Dann alles bei kleiner bis mittlerer Hitze 8 Min. köcheln lassen, dabei nach 6 Min. die Zucchiniwürfel dazugeben. Suppe mit Salz und Pfeffer abschmecken, abkühlen lassen.

4 Die Hälfte der Suppe in ein großes Bügelglas füllen. Das Glas verschließen und vor und nach dem Transport kalt stellen. Die restliche Suppe über Nacht zugedeckt kalt stellen.

5 Zum Lunch den Tomaten-Kichererbsen-Topf in der Mikrowelle erhitzen und genießen. Am nächsten Tag die restliche Suppe zubereiten.

WÜRZIGES TOPPING:

Dafür auf jede Suppenportion noch jeweils 1 EL zerbröckelten Schafskäse (Feta) und Frühlingszwiebelringe sowie ½ TL Schwarzkümmel oder gerösteten Sesam streuen.

LAUCH-ERBSEN-EINTOPF

Natürlich mit Würstchen

FÜR 1 PORTION

1 große festkochende Kartoffel (ca. 200 g)
1 Mettwürstchen (ca. 100 g, ersatzweise Debreziner oder Cabanossi)
250 ml Gemüsebrühe
3 getrocknete Tomaten (in Öl)
50 g TK-Lauch
50 g TK-Erbsen
1 TL Bärlauchpesto (ersatzweise Pesto alla genovese)
Salz | Pfeffer

ZUBEREITUNGSZEIT: 25 MIN.
PRO PORTION CA. 595 KCAL
23 G E, 40 G F, 31 G KH

1 Kartoffel schälen, waschen und in 1 cm große Würfel schneiden. Das Mettwürstchen in dicke Scheiben schneiden. Beides in einem Topf mit der Gemüsebrühe zum Kochen bringen und dann zugedeckt bei kleiner bis mittlerer Hitze ca. 5 Min. köcheln lassen.

2 Die Tomaten abtropfen lassen und in dünne Streifen schneiden. Mit Lauch und Erbsen in den Eintopf geben und alles weitere 8–10 Min. köcheln lassen, bis das Gemüse gar ist. Pesto unterrühren, den Eintopf mit Salz und Pfeffer abschmecken, abkühlen lassen.

3 Den Eintopf in ein großes Bügelglas füllen. Das Glas verschließen und vor und nach dem Transport kalt stellen. Zum Lunch den Eintopf in der Mikrowelle erhitzen und genießen.

VEGGIE-TIPP:

Für einen vegetarischen Eintopf das Mettwürstchen durch 1 Wiener Würstchen oder Knacker (z. B. aus Tofu oder Seitan) ersetzen.

ASAP

ROTE-LINSEN-MASALA

Indisch mal anders

FÜR 2 PORTIONEN

½ EL Öl
100 g Schweinemett
2 EL TK-Zwiebel-Duo
1 EL TK-Ingwer
100 g TK-Suppengemüse
(ersatzweise TK-Kürbiswürfel)
60 g rote Linsen
1 TL Garam masala
2 EL Tomatenmark
1 EL Zitronensaft
Salz | Pfeffer
2 Prisen Zucker
1 Pck. Mikrowellen-Basmatireis (250 g)

ZUBEREITUNGSZEIT: 20 MIN.
PRO PORTION CA. 510 KCAL
24 G E, 18 G F, 63 G KH

1 Das Öl in einem Topf erhitzen. Darin das Schweinemett mit dem Zwiebel-Duo und dem Ingwer bei mittlerer Hitze in 4–5 Min. bröselig braten. Suppengemüse, Linsen und Garam masala dazugeben, 300 ml Wasser angießen, zum Kochen bringen. Alles zugedeckt bei kleiner bis mittlerer Hitze 10 Min. köcheln lassen, dabei hin und wieder umrühren.

2 Tomatenmark unterrühren und das Masala weitere 3 Min. köcheln lassen. Mit dem Zitronensaft, Salz, Pfeffer und Zucker abschmecken und abkühlen lassen.

3 Das Masala in ein großes Bügelglas füllen. Das Glas verschließen und vor und nach dem Transport kalt stellen. Zum Lunch das Masala und den Reis (nach Packungsanweisung) in der Mikrowelle erhitzen und genießen.

TIPP:

Lust auf Abwechslung? Dann nach Belieben 100 ml Wasser durch Kokosmilch ersetzen und zum Lunch das Linsen-Masala nach dem Erhitzen noch mit je 1 EL Granatapfelkernen und gehacktem Koriandergrün toppen.

Genial genießen mit Auflauf, Quiche & Co.

HEISSES AUF DIE GABEL

DIE SCHNELLEN 4 FÜR HEISSES GABELVERGNÜGEN

TEIGTASCHEN (AUS DEM KÜHLREGAL)

Ob italienische gefüllte Nudeln wie Ravioli, Cappelletti oder Tortellini oder heimische Lieblinge wie Maultaschen – die Auswahl im Kühlregal ist mittlerweile riesengroß | alle sind schneller gegart als ihre getrockneten Pendants | neben Standards ist inzwischen auch Exklusives im Angebot: etwa Füllungen aus Steinpilzen, Kürbis, karamellisierten Zwiebeln oder Ziegenkäse | Maultaschen mit Veggie-Füllung sind als **Auflauf** ein Genuss (Seite 102) | **Teigtaschen** erst kurz vorm Essen mit **Pecorino-Fresh-Mix** (Seite 112) kombiniert sind eine echte Gaumenfreude für alle Nudelfans | **Cappelletti** gehen als **Salat mit Erbsen** (Seite 68) eine delikate Liaison ein | **Tipp:** Statt Nudelplatten einfach Teigtaschen mit Lauch zur **Lasagne** (Seite 104) überbacken.

REIBEKÄSE

Es gibt verschiedene Sorten, meist Gouda, Emmentaler, Cheddar oder Mischungen, die unter Gratin- oder Pizzakäse firmieren | in wiederverschließbaren Tüten 1 a portionierbar | meist nicht ganz so geschmackvoll wie frisch geriebener Käse | unverzichtbar für Aufläufe wie **Gnocchi-Auflauf mit Hähnchen** (Seite 100) oder auch **Veggie-Maultaschen-Auflauf** (Seite 102) | ohne Käse ebenfalls kaum vorstellbar: **Lauchlasagne** (Seite 104) | **Tipp:** Reibekäse einfrieren, so ist er länger haltbar. Vor dem Backen dann gefroren aufstreuen.

TK-BLÄTTERTEIG

Einfach perfekt, wenn fix ein Teig zur Hand sein muss | bei Bedarf einzeln entnehmbar und schnell aufgetaut | die TK-Teigscheiben haben eine geniale Größe für Quiches in ofenfesten Transportboxen | Blätterteig öffnet ein Portal in das leckere Quiche-Universum – ob mediterran mit **Ziegenkäse & Spinat** oder **Artischocken & Antipasti,** edel mit **Erbsen & Lachs** oder herbstlich mit **Lauch & Trauben** (alle Seite 108 / 109), man möchte einfach jede Quiche probieren | auch als fixe **Apfel-Zitronen-Tarte** ein Knaller: 1 Scheibe TK-Blätterteig (aufgetaut) mehrfach mit der Gabel einstechen, mit 2 EL Lemon Curd bestreichen, 1 Apfel in dünnen Spalten belegen und 1 EL Zucker bestreuen. Auf dem mit Backpapier ausgelegten Backblech im 200° heißen Ofen (Mitte) 20 Min. backen.

PESTO

Fein zerkleinerte rohe Sauce auf Ölbasis, meist aus Kräutern wie Basilikum oder Bärlauch, Hartkäse, Nüssen oder Pinienkernen | auch aus getrockneten Tomaten und mittlerweile in exotischen Varianten erhältlich | klassisch zu Pasta, aber in anderen Kombinationen ebenso eine kulinarische Freude | angebrochenes Pesto wieder mit etwas Öl bedecken und zugedeckt kalt stellen | Pesto alla genovese spendiert **Veggie-Maultaschen-Auflauf** (Seite 102) eine zarte Prise Basilikumaroma und **Artischocken-Antipasti-Quiche** (Seite 109) eine italienische Note | Bärlauchpesto würzt mit seinem Knoblaucharoma den **Gnocchi-Auflauf mit Hähnchen** (Seite 100) und **Lauch-Erbsen-Eintopf** (Seite 92) kräftig | Pesto rosso zeigt beim **Puten-Piccata-Ciabatta** (Seite 44), was es drauf hat.

GNOCCHI-AUFLAUF MIT HÄHNCHEN

Ein echtes Lunch-Highlight

FÜR 1 PORTION

1 Hähnchenbrustfilet (ca. 150 g)
½ EL Öl
150 g frische Gnocchi (aus dem Kühlregal)
Salz | Pfeffer
3 getrocknete Tomaten (in Öl)
50 g Schmand
3 EL Reibekäse (z. B. Gratinkäse)
1 TL Speisestärke
1 TL Bärlauchpesto (ersatzweise Pesto alla genovese)
100 g TK-Blattspinat (nicht zu Blöcken gepresst)

ZUBEREITUNGSZEIT: 15 MIN. + 30 MIN. BACKEN
PRO PORTION CA. 860 KCAL
58 G E, 40 G F, 64 G KH

1 Den Backofen auf 200° vorheizen. Das Hähnchenbrustfilet abbrausen und gründlich trocken tupfen.

2 Öl in einer Pfanne erhitzen. Darin das Hähnchenbrustfilet und die Gnocchi zugedeckt 1 Min. braten, bis beides leicht gebräunt ist. Filet mit Salz und Pfeffer würzen, wenden und auch die andere Seite salzen, pfeffern. Alles noch 1 Min. zugedeckt weiterbraten. Dann in einen ofenfesten Transportbehälter (20 × 14 cm) geben.

3 Die Tomaten abtropfen lassen und klein schneiden. Schmand, Reibekäse, Stärke, Pesto und 75 ml Wasser verrühren. Blattspinat und Tomaten untermischen. Die Sauce mit Salz und Pfeffer würzen und über das Hähnchen und die Gnocchi gießen. Den Auflauf im Ofen (Mitte) 30 Min. backen, bis er goldbraun gebräunt ist. Herausnehmen und abkühlen lassen.

4 Den Transportbehälter verschließen und vor und nach dem Transport kalt stellen. Zum Lunch den Gnocchi-Auflauf in der Mikrowelle erhitzen und genießen.

TUESDAY

VEGGIE-MAULTASCHEN-AUFLAUF

Schwaben-Power am Mittag

FÜR 2 PORTIONEN

200 g Spitzkohl
1 EL Öl
Salz | Pfeffer
1 Dose stückige Tomaten (400 g)
2 EL Pesto alla genovese (ersatzweise Bärlauchpesto)
1 EL Aceto balsamico bianco
1 EL Honig
300 g vegetarische Maultaschen (aus dem Kühlregal)
3 EL Röstzwiebeln
60 g Reibekäse (z. B. Emmentaler)

ZUBEREITUNGSZEIT: 15 MIN. + 30 MIN. BACKEN
PRO PORTION CA. 650 KCAL
28 G E, 28 G F, 71 G KH

1 Den Backofen auf 180° vorheizen. Den Spitzkohl waschen, putzen und in ganz grobe Rauten schneiden. Öl in einer Pfanne erhitzen. Darin den Kohl 2 Min. anbraten, salzen und pfeffern.

2 Die Tomaten mit Pesto, Essig und Honig verrühren, die Sauce mit Salz und Pfeffer würzen. Die Maultaschen in breite Streifen schneiden.

3 Die Maultaschen und den Kohl in zwei ofenfeste Transportbehälter (à 20 × 14 cm) füllen. Die Sauce darübergießen, Röstzwiebeln und Käse darüberstreuen. Beide Aufläufe im Ofen (Mitte) 30 Min. backen, bis sie goldbraun gebräunt sind. Herausnehmen und abkühlen lassen.

4 Die Transportbehälter verschließen, einen Auflauf für morgen in den Kühlschrank stellen. Den zweiten Maultaschenauflauf vor und nach dem Transport kalt stellen. Zum Lunch in der Mikrowelle erhitzen und genießen.

AUCH SEHR FEIN:

Statt des Kohls 2 kleine Zucchini waschen, putzen, in dünne Scheiben schneiden und im Öl braten. Dann mit den übrigen Zutaten wie beschrieben zum Auflauf verarbeiten.

FRIDAY

LAUCHLASAGNE

Schlemmen leicht gemacht

FÜR 1 PORTION

1 Wacholderbeere
1 TL Öl
1 grobe Bratwurst (ca. 100 g)
350 g TK-Lauch
200 ml Gemüsebrühe
70 g Frischkäse (mit Joghurt)
1 EL Aceto balsamico bianco
Salz | Pfeffer
4 Lasagneplatten (ca. 65 g, ohne Vorkochen)
50 g Reibekäse (z. B. Gratinkäse oder Cheddar)

ZUBEREITUNGSZEIT: 20 MIN. + 30 MIN. BACKEN
PRO PORTION CA. 975 KCAL
43 G E, 59 G F, 67 G KH

1 Den Backofen auf 200° vorheizen. Wacholderbeere in einem Mörser fein zerstoßen. Das Öl in einer Pfanne erhitzen. Das Brät der Bratwurst aus der Haut in die Pfanne drücken, Wacholderbeere dazugeben. Das Brät bei mittlerer Hitze in 4–5 Min. bröselig braten.

2 Den Lauch in die Pfanne geben und zunächst auftauen lassen, dann 3 Min. andünsten. Die Gemüsebrühe dazugießen, aufkochen und offen ca. 3 Min. einkochen lassen. Frischkäse und Essig unterrühren, mit Salz und Pfeffer würzen.

3 Ein Fünftel der Lauchmischung in einem ofenfesten Transportbehälter (20 × 14 cm) verteilen und 1 Lasagneplatte darauflegen. Nun abwechselnd die restliche Lauchmischung und die übrigen Lasagneplatten einschichten, dabei etwas Käse auf die mittlere Schicht streuen. Zum Schluss den übrigen Käse aufstreuen. Die Lauchlasagne im Ofen (Mitte) 30 Min. backen, bis sie schön gebräunt ist. Herausnehmen und abkühlen lassen.

4 Den Transportbehälter verschließen und vor und nach dem Transport kalt stellen. Zum Lunch die Lauchlasagne in der Mikrowelle erhitzen und genießen.

THURSDAY
4

SÜSSKARTOFFELAUFLAUF MIT HACK

Genialer Cross-over-Ofen-Burner

FÜR 2 PORTIONEN

400 g Süßkartoffeln
1 Dose stückige Tomaten (400 g)
2 EL Mango-Chutney
Salz | Pfeffer
200 g Kirschtomaten
250 g gemischtes Hackfleisch
2 EL italienische TK-Kräuter
50 g Schafskäse (Feta)
50 ml Gemüsebrühe

ZUBEREITUNGSZEIT: 15 MIN.
+ 40 MIN. BACKEN
PRO PORTION CA. 660 KCAL
35 G E, 31 G F, 58 G KH

1 Den Backofen auf 200° vorheizen. Die Süßkartoffeln schälen, waschen, in dünne Scheiben schneiden und in zwei ofenfesten Transportbehältern (à 20 × 14 cm) verteilen. Die Tomaten und das Chutney verrühren, mit Salz und Pfeffer würzen und über die Süßkartoffeln gießen.

2 Die Kirschtomaten waschen und mit dem Hackfleisch auf der Tomatensauce verteilen. Die Kräuter darüberstreuen, salzen, pfeffern. Feta zerbröckeln und auf den Aufläufen verteilen. Zuletzt die Gemüsebrühe darübergießen.

3 Beide Aufläufe im Ofen (Mitte) ca. 40 Min. backen, bis sie gut gebräunt und Süßkartoffeln sowie Hackfleisch gar sind. Herausnehmen und abkühlen lassen.

4 Die Transportbehälter verschließen, einen Auflauf für morgen in den Kühlschrank stellen. Den zweiten Süßkartoffelauflauf vor und nach dem Transport kalt stellen. Zum Lunch in der Mikrowelle erhitzen und genießen.

AUSTAUSCH-TIPP:

Die Aufläufe schmecken auch mit 2 groben Bratwürsten statt mit Hackfleisch. Dafür das Brät aus der Haut drücken und in kleinen Portionen auf der Sauce verteilen. Bei dieser Variante sparsamer mit Salz würzen.

4 × FARBENFROHE QUICHES …

ZIEGENKÄSE-SPINAT-QUICHE

Für 1 Portion
Pro Portion ca. 555 kcal, 20 g E, 40 g F, 29 g KH

1 Scheibe **TK-Blätterteig** (75 g, aufgetaut) auf wenig **Mehl** etwas größer als die Form ausrollen, dann in die Form legen und einen 2 cm hohen Rand formen. 1 **Ei** (M) mit 1 EL **italienischen TK-Kräutern** und 1 TL **Aceto balsamico bianco** verrühren, mit **Salz** und **Pfeffer** würzen. Den Guss auf den Teig gießen. 75 g **Kirschtomaten** waschen, 50 g **festen Ziegenfrischkäse** grob zerbröckeln. Beides mit 60 g **TK-Blattspinat** (nicht zu Blöcken gepresst) und 2 EL **TK-Zwiebel-Duo** auf dem Guss verteilen und leicht eindrücken. Die Quiche im Ofen backen, dann gegen Ende noch goldbraun übergrillen. Herausnehmen, abkühlen lassen, verschließen. Vor und nach dem Transport kalt stellen.

ERBSEN-LACHS-QUICHE

Für 1 Portion
Pro Portion ca. 900 kcal, 41 g E, 67 g F, 34 g KH

1 Scheibe **TK-Blätterteig** (75 g, aufgetaut) auf wenig **Mehl** etwas größer als die Form ausrollen, dann in die Form legen und einen 2 cm hohen Rand formen. 125 g **TK-Lachsfilet** mittig darauflegen und 80 g **TK-Erbsen** darum verteilen, 1 EL **TK-6-Kräuter-Mischung** darüberstreuen. 1 **Ei** (M) mit 100 g **Schmand** und 1 EL **Zitronensaft** verrühren, mit **Salz** und **Pfeffer** würzen. Den Guss über Lachs und Erbsen gießen. Die Quiche im Ofen backen, dann gegen Ende noch goldbraun übergrillen. Herausnehmen, abkühlen lassen, verschließen. Vor und nach dem Transport kalt stellen.

..., die im ofenfesten Transportbehälter (20 × 14 cm) im 180° heißen Backofen (Mitte) 35 Min. gebacken und dann für den Lunch – ohne Umfüllen – nur noch in der Mikrowelle erhitzt werden. Wer mag, kann sie aber auch gleich aufgabeln, denn sie schmecken kalt genauso fein!

ARTISCHOCKEN-ANTIPASTI-QUICHE

Für 1 Portion

Pro Portion ca. 605 kcal, 19 g E, 41 g F, 40 g KH

1 Scheibe **TK-Blätterteig** (75 g, aufgetaut) auf wenig **Mehl** etwas größer als die Form ausrollen, dann in die Form legen und einen 2 cm hohen Rand formen. 1 **Ei** (M) mit 1 TL **Pesto alla genovese,** 75 ml **Milch** und 1 TL **Aceto balsamico bianco** verrühren, mit **Salz** und **Pfeffer** würzen. Den Guss auf den Teig gießen. 100 g kleine **Artischockenherzen** (aus dem Glas) gut ausdrücken, in den Guss setzen. 4 **getrocknete Tomaten** (in Öl) abtropfen lassen, klein schneiden und mit 2 EL **Oliven** (ohne Stein) in den Lücken verteilen. Die Quiche im Ofen backen, dann gegen Ende noch goldbraun übergrillen. Herausnehmen, abkühlen lassen, verschließen. Vor und nach dem Transport kalt stellen.

TRAUBEN-LAUCH-QUICHE

Für 1 Portion

Pro Portion ca. 635 kcal, 35 g E, 37 g F, 40 g KH

1 Scheibe **TK-Blätterteig** (75 g, aufgetaut) auf wenig **Mehl** etwas größer als die Form ausrollen, dann in die Form legen und einen 2 cm hohen Rand formen. 50 g kernlose **Weintrauben** (rosé oder blau) waschen, von den Stielen zupfen und mit 125 g **TK-Lauch,** 50 g **mageren Schinkenwürfeln** und 2 EL **Reibekäse** (z. B. Emmentaler) auf dem Teig verteilen. Nach Belieben mit etwas **Kümmel** (gemahlen oder ganz) würzen. 1 **Ei** (M) mit 50 ml **Milch** verrühren, mit **Salz** und **Pfeffer** würzen. Den Guss über den Belag gießen. Die Quiche im Ofen backen, dann gegen Ende noch goldbraun übergrillen. Herausnehmen, abkühlen lassen, verschließen. Vor und nach dem Transport kalt stellen.

FILETPFANNE MIT SPÄTZLE

Landgasthof-Feeling in der Mittagspause

FÜR 1 PORTION

1 EL Öl
100 g frische Spätzle
(aus dem Kühlregal)
100 g Kräuterseitlinge
4 Stangen grüner Spargel
150 g Schweinefilet
1 TL Honig
1 EL Aceto balsamico
125 ml heiße Gemüsebrühe
2 EL Crème fraîche
Salz | Pfeffer

ZUBEREITUNGSZEIT: 25 MIN.
PRO PORTION CA. 635 KCAL
45 G E, 32 G F, 38 G KH

1 In einer Pfanne ½ EL Öl erhitzen. Darin die Spätzle bei mittlerer Hitze zugedeckt 6–7 Min. anbraten, dabei hin und wieder durchrühren.

2 Inzwischen Pilze putzen, in dünne Scheiben schneiden. Spargel waschen, im unteren Drittel schälen und in 3–4 cm lange Stücke schneiden. Schweinefilet in 2 cm dicke Scheiben schneiden.

3 Die Spätzle aus der Pfanne nehmen. Übriges Öl in der Pfanne erhitzen und das Fleisch darin kurz anbraten, herausnehmen. Pilze und Spargel anbraten, bis sie leicht gebräunt sind. Den Honig dazugeben und leicht karamellisieren lassen, mit ½ EL Essig ablöschen. Die Brühe angießen und offen 4 Min. einkochen lassen. Crème fraîche unterrühren, salzen, kurz einkochen lassen.

4 Das Filet in die Sauce legen und zugedeckt bei kleiner Hitze 3 Min. ziehen lassen. Mit Salz, Pfeffer und übrigem Essig abschmecken und in einen mikrowellenfesten Transportbehälter füllen, die Spätzle darauf verteilen.

5 Den Transportbehälter verschließen und vor und nach dem Transport kalt stellen. Zum Lunch die Filetpfanne mit den Spätzle in der Mikrowelle erhitzen und genießen.

WINTERGRUSS:

Für eine winterliche Filetpfanne den Spargel durch 150 g Sauerkraut ersetzen. Die Pilze anbraten und das ausgedrückte Kraut kurz mitbraten, ansonsten bleibt alles gleich.

4 × HOT & FRESH ...

TEIGTASCHEN MIT PECORINO-FRESH-MIX

Für 2 Portionen
Pro Portion ca. 525 kcal, 22 g E, 32 g F, 39 g KH

2 kleine **Zucchini** waschen, in dicke Scheiben schneiden. In einem Topf Wasser aufkochen, **salzen.** Darin die Zucchini mit 250 g **frischen Teigtaschen** (z. B. Ravioli, aus dem Kühlregal) in ca. 4 Min. gar ziehen lassen, dabei nach 3 Min. 1 EL **Kapern** dazugeben. In ein Sieb gießen, abtropfen lassen und mit 1 EL **Kräuterbutter** zurück in den Topf geben, vermischen. Auf zwei mikrowellenfeste Transportbehälter verteilen, verschließen. 2 EL **Pinienkerne** in einer Pfanne hellbraun anrösten, herausnehmen. 2 **Frühlingszwiebeln** putzen, waschen und in feine Ringe schneiden. 50 g **Pecorino** (am Stück) grob zerbröckeln. Alles mit 2 Handvoll **Basilikumblättern** mischen und auf zwei Transportboxen verteilen. Eine Portion über Nacht kalt stellen, die andere mitnehmen. Zum Lunch die Pasta erhitzen, mit dem Fresh-Mix bestreuen und genießen.

SÜSSKARTOFFELPÜREE MIT MAISSALSA

Für 2 Portionen
Pro Portion ca. 500 kcal, 15 g E, 14 g F, 77 g KH

600 g **Süßkartoffel** schälen, klein würfeln und mit 1 Pck. **TK-Zwiebel-Duo** und wenig Wasser in einen Topf geben, **salzen.** Aufkochen und zugedeckt bei kleiner bis mittlerer Hitze in 8–10 Min. gar köcheln. Dann abgießen und ausdampfen lassen. Inzwischen 1 Dose **Mais** (140 g Abtropfgewicht) abtropfen lassen. ½ **rote Paprika** putzen, waschen und klein würfeln. Beides mit 2 EL **TK-Petersilie,** 1 EL **Limettensaft** und 2 TL **Sambal oelek** mischen. Die Salsa mit **Salz, Pfeffer** und 1 Prise **Zucker** abschmecken. Süßkartoffeln mit 1 EL **Limettensaft** und 60 g geriebenem **Cheddar** fein pürieren, **salzen.** Püree in zwei mikrowellenfeste Transportbehälter füllen, die Salsa in zwei Twist-off-Gläser. Eine Portion über Nacht kalt stellen, die andere mitnehmen. Zum Lunch das Püree in der Mikrowelle erhitzen und mit der Salsa genießen.

…, also Heißes wie Nudeln, Reis oder Püree kombiniert mit frischen Happiness-Boostern wie Salsa, Chutney oder Salat. Einfach beim Lunch kombinieren und »extra fresh« genießen!

CURRYREIS MIT NEKTARINEN-CHUTNEY

Für 2 Portionen
Pro Portion ca. 530 kcal, 12 g E, 14 g F, 88 g KH

200 g **grüne Bohnen** putzen, waschen und in mundgerechte Stücke schneiden. 1 EL **Butter** in einem Topf schmelzen. Bohnen, 2 EL **Cashewkerne,** 2 EL **Rosinen** und 1 TL **gelbe Currypaste** darin andünsten. 200 ml **Wasser,** 1 EL **Honig,** ½ EL **Limettensaft** und 125 g **Basmatireis** dazugeben, **salzen,** aufkochen. Zugedeckt bei kleiner Hitze 10 Min. köcheln, dann vom Herd nehmen und 10 Min. quellen lassen. Inzwischen 1 **Nektarine** (ersatzweise Mango) waschen, entsteinen und klein würfeln. 1 **Frühlingszwiebel** putzen, waschen und in feine Ringe schneiden. Beides mit ½ TL **gelber Currypaste,** 2 TL **Honig** und ½ EL **Limettensaft** verrühren, **salzen.** Das Chutney in zwei Twist-off-Gläser füllen, den Reis in zwei mikrowellenfeste Transportbehälter. Eine Portion über Nacht kalt stellen, die andere mitnehmen. Zum Lunch den Reis in der Mikrowelle erhitzen und mit dem Chutney genießen.

LINSENSALAT MIT CHILIHACK

Für 2 Portionen
Pro Portion ca. 550 kcal, 36 g E, 26 g F, 41 g KH

1 Dose **Linsen** (265 g Abtropfgewicht) in einem Sieb abbrausen, abtropfen lassen. 250 g **Kirschtomaten** waschen und halbieren. 2 **Frühlingszwiebeln** putzen, waschen, fein schneiden. Mit 2 Handvoll **Korianderblättern,** 2 EL **Rotweinessig,** 2 TL **Honig** und 1 EL **Öl** verrühren. Salat **salzen, pfeffern.** 1 Dose **Mais** (140 g Abtropfgewicht) abtropfen lassen. 1 EL **Öl** in einer Pfanne erhitzen. Darin 200 g **Rinderhackfleisch** bei starker Hitze in 4–5 Min. bröselig braten, den Mais untermischen. Mit 1 TL **Honig,** 1 TL gemahlenem **Kreuzkümmel, Salz** und etwas **Cayennepfeffer** würzen. Den Salat in zwei Transportboxen, Chilihack in zwei mikrowellenfeste Transportbehälter füllen. Eine Portion über Nacht kalt stellen, die andere mitnehmen. Zum Lunch das Hack in der Mikrowelle erhitzen und mit dem Salat genießen.

GEMÜSECOUSCOUS MIT MOJOGHURT

Perfekt für Frischefanatiker

FÜR 1 PORTION

1 EL Olivenöl
1 Pck. TK-Zwiebel-Duo
100 g Möhrenstifte (aus der Frischetheke, ersatzweise Gemüse-Nudeln aus Möhren)
1 kleiner Zucchino
50 g Kirschtomaten
2 TL Honig
1 TL Tajine-Gewürzmischung (ersatzweise Ras el Hanout)
2 EL Zitronensaft
Salz | Pfeffer
50 g Couscous
4 Stängel Petersilie
4 Stängel Koriandergrün
150 g griechischer Joghurt

ZUBEREITUNGSZEIT: 25 MIN.
PRO PORTION CA. 560 KCAL
16 G E, 25 G F, 65 G KH

1 Das Olivenöl in einem Topf erhitzen. Darin Zwiebel-Duo und Möhrenstifte bei mittlerer Hitze 5 Min. anbraten, bis die Zwiebeln leicht gebräunt sind. Inzwischen Zucchino waschen, putzen und längs halbieren, dann in dicke Scheiben schneiden. Die Tomaten waschen.

2 Zucchinischeiben, Tomaten und 1 TL Honig in den Topf geben und 2 Min. mitbraten. Mit der Gewürzmischung, ½ EL Zitronensaft, Salz und Pfeffer würzen und kurz weiterbraten. Couscous und 60 ml Wasser dazugeben und zum Kochen bringen. Den Gemüsecouscous ca. 1 Min. offen kochen, dann vom Herd nehmen und zugedeckt noch 10 Min. ziehen lassen.

3 Inzwischen Kräuter abbrausen und trocken schütteln, Blätter abzupfen. Mit 1 EL Zitronensaft, dem übrigen Honig und der Hälfte des Joghurts mit dem Pürierstab fein pürieren, den restlichen Joghurt unterrühren. Den Mojoghurt mit Salz und Pfeffer abschmecken.

4 Den Couscous auflockern, mit Salz, Pfeffer und dem übrigen Zitronensaft abschmecken. Couscous in einen mikrowellenfesten Transportbehälter füllen, den Mojoghurt in ein kleines Bügel- oder Twist-off-Glas.

5 Den Behälter und das Glas verschließen und vor und nach dem Transport kalt stellen. Zum Lunch den Couscous in der Mikrowelle erhitzen und mit dem Mojoghurt genießen.

SWEETIES OHNEGLEICHEN

Leichte Desserts und süßes Seelenfutter

DIE SCHNELLEN 4 FÜR BESONDERE MOMENTE

MÜSLI & HAFER CRUNCHY

Müsli ist ein knackiger Energiespender aus Haferflocken und anderen Getreideflocken mit allerlei Extras wie Nüssen, Kernen und Trockenfrüchten | Ballaststoffe und komplexe Kohlenhydrate machen lange satt | Hafer Crunchy aus gerösteten und karamellisierten Haferflocken ist die Soulfood-Version | Müsli ist in **Energiebällchen** (Seite 120) der perfekte Snack für verträumte Momente | beweist in verführerisch geschichteten Gläsern (Seite 126 / 127), dass mehr drin steckt als gesundes Frühstück | als **Müsli-Nusseckchen** (Seite 128) gesunder Knabberspaß für zwischendurch | Hafer Crunchy überzeugt auch als Salattopping im coolen **Crunchy-Salat mit Himbeeren** (Seite 60).

SMOOTHIES

Leckere Vitaminbomben aus fein pürierten Früchten | wegen des hohen Fruchtzuckergehalts nicht täglich genießen | in Grün mit Gemüse, Algen oder Blättern wie Spinat oder Grünkohl auch weniger süß erhältlich | der neueste Trend: Smoothies mit Chia-Samen | sorgen dafür, dass sich kleine **Energiebällchen** (Seite 120) perfekt zu vitaminreichen Kugeln rollen lassen | machen **Smoothie-Cheesecake** (Seite 124) zusammen mit Lemon Curd zu einem fruchtigen Traum | ganz trendy als **Superfood-Müsli** (Seite 126) und **Milchreis-Früchte-Bowl** (Seite 73) | **Tipp:** Smoothie in eine Eis-am-Stiel-Form (ca. 85 ml) füllen, Stiel hineinstecken und den Smoothie im Tiefkühlfach gefrieren lassen.

NÜSSE, MANDELN & KERNE

Kleine Energiespender voller gesunder Fette und wichtiger B-Vitamine | aber wegen des hohen Kaloriengehalts dennoch nicht zu oft genießen | nicht länger als 2 Monate lagern, da das enthaltene Fett schnell ranzig wird | Mandeln stillen das Hungergefühl und halten lange satt | Walnüsse übernehmen den leicht herben Knusperpart im **Obstsalat mit Käse** (Seite 122) | gesalzene Macadamianüsse lassen sich zusammen mit Rosmarin karamellisieren, um dann auf **Krokant-Müsli** (Seite 127) ein Angeber-Topping abzugeben | Cashewkerne verstecken sich am liebsten in kunterbunten **Energiebällchen** (Seite 120) | Auch genial in Salaten und als Topping für warme Gerichte: Pekannusskerne in **Nudelsalat mit Bergkäse** (Seite 61) oder Erdnusskerne im **Glasnudelsalat mit Hack** (Seite 70).

JOGHURT, QUARK & SKYR

Meist sehr magere Milchprodukte mit viel wertvollem Eiweiß, dadurch auch gute Sattmacher | Basis für allerlei Desserts, Müslis und Dips | der isländische Newcomer Skyr ist etwas cremiger als Quark | ebenfalls cremig und daher der Joghurt-Favorit: griechischer Joghurt mit 10 % Fett i. Tr. | Grundlage für Müsli-Spaß im Glas (Seite 126 / 127), so etwa Skyr im **Superfood-Müsli** (Seite 126), Joghurt im **Winter-Müsli** (Seite 126) und Quark im **Cantuccini-Müsli** (Seite 127) | mild-säuerlicher Ziegenjoghurt macht **Krokant-Müsli** (Seite 127) zu etwas ganz Besonderem | mit Joghurt wird der **Smoothie-Cheesecake** (Seite 124) ein leichter Desserttraum | und Joghurt ist auch als Sambal-Joghurt in der **Couscous-Steak-Bowl** (Seite 72) oder als **Mojoghurt** zum **Gemüsecouscous** (Seite 114) fix verrührt und superlecker.

ENERGIEBÄLLCHEN

Zauberhaftes Naschen

FÜR 10 STÜCK

2 TL Öl
50 g 5-Korn-Müsli
1 EL Honig
50 g Bananenchips
50 g getrocknete Cranberrys
2 EL Cashewkerne
2 EL Kokosraspel
3 EL roter Fruchtsmoothie
(+ eventuell noch 1 EL Smoothie)
3 EL bunte Zuckerperlen

ZUBEREITUNGSZEIT: 25 MIN.
+ 12 STD. RUHEN
PRO STÜCK CA. 120 KCAL
2 G E, 4 G F, 18 G KH

1 Am Vortag das Öl in einer Pfanne erhitzen, das Müsli darin anrösten. Den Honig hinzufügen und unter Rühren karamellisieren lassen. Müsli aus der Pfanne nehmen und abkühlen lassen.

2 Bananenchips, Cranberrys, Cashewkerne, Kokosraspel, geröstetes Müsli und 3 EL Smoothie im Blitzhacker fein pürieren. Dabei, falls nötig, noch 1 EL Smoothie dazugeben, es soll eine gut formbare Masse entstehen.

3 Aus der Müsli-Masse 10 Bällchen formen und diese in den Zuckerperlen wälzen, sodass sie damit rundherum überzogen sind. Die Energiebällchen zugedeckt über Nacht im Kühlschrank fest werden lassen.

4 Die Bällchen luftdicht in einer Keksdose verpacken, so sind sie gut gekühlt 1 Woche haltbar. Bei Bedarf dann in eine Transportbox packen und zwischendurch zur Stärkung genießen.

GOURMET-TIPP:

Die Bällchen schmecken hervorragend und sehen obendrein aus wie Pralinen, wenn sie etwas kleiner geformt und in Kakaopulver oder Kokosraspeln gewälzt werden.

OBSTSALAT MIT KÄSE

Für alle, die es nicht so süß mögen

FÜR 1 PORTION

2 TL Zitronensaft
1 TL Honig
Salz | Pfeffer
1 Prise Zimtpulver
2 gelbe Pflaumen
100 g kernlose Weintrauben
(rosé oder blau)
50 g Heidelbeeren
30 g Pecorino (am Stück)
1 kleine Handvoll Brotchips
2 EL Walnusskerne

ZUBEREITUNGSZEIT: 10 MIN.
PRO PORTION CA. 605 KCAL
15 G E, 34 G F, 57 G KH

1 Für das Dressing den Zitronensaft mit dem Honig verrühren. Das Dressing mit Salz, Pfeffer und Zimt abschmecken.

2 Die Pflaumen waschen, entsteinen und in Spalten schneiden. Die Weintrauben waschen und von den Stielen zupfen. Die Heidelbeeren waschen und verlesen. Das Obst und Dressing mischen und den Salat in ein Bügel- oder Twist-off-Glas füllen, verschließen. Das Glas vor und nach dem Transport kalt stellen.

3 Den Pecorino mit dem Sparschäler in Streifen abziehen, diese grob zerkleinern. Die Brotchips grob zerbröckeln. Beides mit den Walnusskernen mischen und extra verpacken.

4 Zum Lunch den Obstsalat mit der Käse-Nuss-Mischung bestreuen und genießen.

TAUSCHBÖRSE:

Statt mit Pecorino schmeckt der Obstsalat auch mit Parmesan sowie 50 g französischem Weichkäse oder Ziegencamembert, den man in kleine Stücke schneidet. Und wer Lust auf andere Fruchtsorten hat, ersetzt die gelben Pflaumen durch 4 Zwetschgen, 5 Mirabellen oder 2 Mandarinen, die Weintrauben durch 1 kleine saftige Birne oder die Heidelbeeren durch Brombeeren.

Made in Germany

SMOOTHIE-CHEESECAKE

Ganz ohne Backen

FÜR 1 PORTION

2 Haferkekse
70 g Frischkäse (mit Joghurt)
100 g Joghurt
1 EL Zucker
4 EL gelber Fruchtsmoothie (mit Maracuja)
2 EL Lemon Curd
5 EL Sofort-Gelatine
1 TL Kokosraspel

ZUBEREITUNGSZEIT: 10 MIN.
PRO PORTION CA. 645 KCAL
10 G E, 34 G F, 71 G KH

1 Die Haferkekse klein zerbröckeln und in ein Bügel- oder Twist-off-Glas (ca. 440 ml) füllen.

2 Frischkäse, Joghurt, Zucker, 1 EL Smoothie und 1 EL Lemon Curd verrühren. 3 EL Sofort-Gelatine unterrühren und die Creme gleich über die Keksbrösel gießen. Das Glas leicht schütteln und auf die Arbeitsfläche klopfen, bis die Oberfläche glatt ist.

3 Übrigen Smoothie und restliches Lemon Curd verrühren, übrige Sofort-Gelatine unterrühren. Den Guss auf die Frischkäsecreme gießen und mit Kokosraspeln bestreuen.

4 Das Glas verschließen und vor und nach dem Transport kalt stellen. Zum Lunch den Smoothie-Cheesecake einfach aus dem Glas löffeln.

INFO:

Maracujas enthalten besondere Enzyme, die hier das Gelieren von Creme und Guss behindern. Daher werden für den Cheesecake größere Mengen Gelatine verwendet, als es nach Packungshinweis nötig wäre.

TIPP:

Wer Lemon Curd einmal nicht bekommt, ersetzt es einfach durch feinen Orangenaufstrich oder auch mal Aprikosenaufstrich, der mit 1 Pck. Zitronenschale gemischt wurde. Oder: Das Lemon Curd weglassen und stattdessen mehr Smoothie nehmen.

4 × MÜSLI-SPASS IM GLAS …

SUPERFOOD-MÜSLI

Für 1 Portion
Pro Portion ca. 535 kcal, 28 g E, 10 g F, 78 g KH

150 g **Skyr** (traditionelles isländisches Milchprodukt, aus dem Kühlregal) mit 1 TL **Matchapulver,** ½ EL **Zitronensaft** und 1 EL **Honig** verrühren, nach Belieben noch mit etwas **Zitronensaft** abschmecken. 4 EL **Müsli** (z. B. Nussmüsli) in das Glas füllen, den Matcha-Skyr darauf verteilen und 50 ml **Chia-Smoothie** darübergießen. 50 g **Brombeeren** waschen und mit 1 EL **Goji-Beeren** und 1 EL **Quinoa-Pops** darüberstreuen. Das Glas verschließen und vor und nach dem Transport kalt stellen. Das Müsli 30 Min. vor dem Lunch aus dem Kühlschrank nehmen.

WINTER-MÜSLI

Für 1 Portion
Pro Portion ca. 705 kcal, 17 g E, 21 g F, 107 g KH

1 **Banane** schälen, in Scheiben schneiden. Die Hälfte der Banane mit 2 TL **Honig,** 2 EL **blütenzarten Haferflocken,** 150 g **griechischem Joghurt**, 2 TL **Zitronensaft** und 2 Prisen **Zimtpulver** fein pürieren. 2 **Spekulatius** (ca. 20 g) fein hacken und bis auf 1 EL unter den Bananenjoghurt mischen. 1 **Mandarine** schälen, in die einzelnen Segmente teilen und zwei Drittel davon mit 3 EL **Müsli** (z. B. 5-Korn-Müsli) in das Glas füllen. Spekulatius-Bananen-Joghurt darauf verteilen und 1 TL **Honig** darüberlaufen lassen. Übrige Bananenscheiben mit 2 TL **Zitronensaft** beträufeln und mit den restlichen Mandarinen und Spekulatiusbröseln daraufgeben. Das Glas verschließen und vor und nach dem Transport kalt stellen. Das Müsli 30 Min. vor dem Lunch aus dem Kühlschrank nehmen.

... – macht als Powerspender mit »Soulfood«-Charakter eine gute Figur und gibt zwischendurch genügend Energie für den Rest des Tages. Einfach ins Twist-off-Glas (440 ml) schichten und dann später genießen.

CANTUCCINI-MÜSLI

Für 1 Portion

Pro Portion ca. 815 kcal, 31 g E, 37 g F, 83 g KH

1 EL **lösliches Kaffeepulver** in 3 EL heißem **Wasser** auflösen. Mit 1 EL **Zucker,** 150 g **Quark** (20 % Fett i. Tr.) und 2 Tropfen **Bittermandelaroma** verrühren. 1 Stück **Zartbitter-Schokolade** (20 g) und 3 **Cantuccini** (ca. 45 g) jeweils grob hacken, 2 EL Cantuccini-Brösel abnehmen und separat verpacken. Die restlichen Brösel und die gehackte Schokolade mit 3 EL **Müsli** (z. B. 5-Korn-Müsli) mischen und in das Glas füllen. 60 g **Heidelbeeren** waschen und bis auf 1 EL auf dem Müsli verteilen. Mit dem Quark bedecken, restliche Beeren daraufstreuen. Das Glas verschließen und vor und nach dem Transport kalt stellen. Das Müsli 30 Min. vor dem Lunch aus dem Kühlschrank nehmen. Übrige Cantuccini-Brösel vor dem Essen aufstreuen.

KROKANT-MÜSLI

Für 1 Portion

Pro Portion ca. 715 kcal, 19 g E, 45 g F, 54 g KH

1 kleinen Zweig **Rosmarin** abbrausen, trocken schütteln, Blättchen abzupfen. 2 EL **gesalzene Macadamianusskerne** halbieren. 1 EL **Zucker** in einem Topf hellbraun karamellisieren, Nüsse und Rosmarin untermischen. Den Krokant auf Backpapier ausbreiten und abkühlen lassen.
125 g **Ziegenjoghurt** und 50 g **Ziegenfrischkäse** verrühren und mit 1 TL **Zucker** süßen.
2 EL **Hafer Crunchy** in das Glas füllen und den Joghurt darauf verteilen. 125 g kleine **Erdbeeren** waschen, entkelchen und mit der Schnittfläche nach unten auf den Joghurt setzen. Das Glas verschließen und vor und nach dem Transport kalt stellen. Das Müsli 30 Min. vor dem Lunch aus dem Kühlschrank nehmen. Macadamiakrokant vor dem Essen aufstreuen

MÜSLI-NUSSECKCHEN

Naschen mit Mehrwert

FÜR 24 STÜCK

50 g 5-Korn-Müsli
100 g Mandelstifte
50 g gemahlene Haselnusskerne
100 g Butter
70 g Zucker
1 EL Bourbon-Vanillezucker
Salz
1 EL Aprikosenkonfitüre

ZUBEREITUNGSZEIT: 15 MIN.
+ 16 MIN. BACKEN
+ 30 MIN. AUSKÜHLEN
PRO STÜCK CA. 95 KCAL
1 G E, 7 G F, 6 G KH

1 Den Backofen auf 170° vorheizen. Ein Backblech mit Backpapier auslegen. Das Müsli mit Mandeln und Haselnüssen mischen.

2 Butter, Zucker, Vanillezucker und 1 Prise Salz in einem Topf unter ständigem Rühren erhitzen, bis der Zucker vollständig geschmolzen und ein helles Karamell entstanden ist. Müslimischung einrühren und mit dem Karamell überziehen. Die Konfitüre unterrühren, Topf vom Herd nehmen.

3 Die Müsli-Nuss-Masse mit einer Palette oder einem Pfannenwender 1 cm dick auf das Backpapier streichen und zu einem Quadrat formen. Im Ofen (Mitte) 16 Min. backen, bis die Masse gut gebräunt ist. Aus dem Ofen nehmen.

4 Den Rand des Gebäckstücks mit der Palette oder dem Pfannenwender gerade formen und flach drücken. Das Gebäck in 30 Min. lauwarm abkühlen lassen, dann in 4 Streifen und diese in 24 Dreiecke schneiden. Auskühlen lassen.

5 Die Müsli-Nusseckchen luftdicht in einer Keksdose (mit Servietten ausgelegt) verpacken, so sind sie rund 2 Wochen haltbar. Bei Bedarf die Eckchen dann in eine Transportbox packen und zwischendurch genießen.

TIPP:

Wenn Sie die Müsli-Nusseckchen nach dem Abkühlen noch mit geschmolzener Kuvertüre bestreichen, erhalten sie unwiderstehliche Müsli-Florentiner.

cmd
alt
Q
A
Y
VENEZUELA
BOLIVIA
Rio de Janeiro
Buenos Ayres
BAYONNE
POSTAGE DUE
1d
ONE PENNY

MANGO-KOKOS-CRUMBLE

Knusprige Streusel-Köstlichkeit

FÜR 1 PORTION

- **2 EL Butter**
- **2 EL Zucker**
- **3 EL Mehl**
- **2 EL Kokosraspel**
- **100 g TK-Mango**
- **1 TL Honig**
- **1 TL Limettensaft**

ZUBEREITUNGSZEIT: 10 MIN.
+ 25 MIN. BACKEN
+ 30 MIN. AUSKÜHLEN
PRO PORTION CA. 805 KCAL
9 G E, 45 G F, 91 G KH

1 Den Backofen auf 180° vorheizen. Die Butter in einem Topf schmelzen. Den Zucker, das Mehl und 1 TL Kokosraspel dazugeben und alles mit dem Schneebesen oder einer Gabel verrühren, sodass Teigstreusel entstehen.

2 Die gefrorene Mango in einen ofenfesten Transportbehälter (14 × 9 cm) füllen und mit Honig und Limettensaft beträufeln. Die Streusel darauf verteilen. Den Crumble im Ofen (Mitte) 25 Min. backen, bis er gut gebräunt ist. Herausnehmen und in 30 Min. auskühlen lassen.

3 Den Crumble mit den übrigen Kokosraspeln bestreuen und den Behälter verschließen. Zum Lunch kalt genießen oder kurz in der Mikrowelle lauwarm erhitzen.

AUCH GUT:

Den Mango-Crumble statt mit Kokosstreuseln mal mit klassischen Streuseln backen. Dafür die Streusel einfach ohne Kokosraspel, aber mit 1 Prise Salz zubereiten.

BENTO-BOXEN

BELLA-ITALIA-BOX

FÜR 1 PORTION
IN 40 MIN. GEHT'S LOS

Das kommt in die Box

- **Caesar-Quinoa-Salatherzen**
  Seite 18 (doppelte Menge Salatblätter)
- **Knäcke-Bruschetta**
  Seite 36 (ohne Knäckebrot)

  Dazu: 2 Feigen, 3 Scheiben Ciabatta-Brot

So gehen sie vor

1 Quinoa garen. Inzwischen Bruschetta-Mix vorbereiten, Feigen waschen und vierteln, Salatblätter waschen und trocken tupfen. Die Quinoa fertig stellen. Alles in die Fächer der Bento-Box legen. Die Box verschließen und vor und nach dem Transport kalt stellen.

2 Zum Lunch Quinoa und Bruschetta-Mix auf die Salatblätter und / oder das Ciabatta häufen und genießen. Die Feigen dazu naschen.

KÖFTE-BOX

FÜR 1 PORTION
IN 20 MIN. STARTKLAR

Das kommt in die Box

- **Vegetarische Cig-Köfte**
  Seite 30
- **Sambal-Joghurt**
  (von der Couscous-Steak-Bowl, Seite 72)

  Dazu: 5 Romanasalatherzblätter, 100 g Krautsalat (aus der Kühltheke), 2 EL Oliven (ohne Stein), 2 eingelegte Peperoni, 1 dicke Spalte Bio-Zitrone

So gehen sie vor

1 Köfte und Joghurt zubereiten, Salatblätter waschen und trocken tupfen. Alles in die Fächer der Bento-Box legen und die Box verschließen. Vor und nach dem Transport kalt stellen.

2 Zum Lunch Köfte mit Zitronensaft beträufeln. Den Joghurt auf die Salatblätter geben, die Köfte darauflegen. Den Snack aus der Hand genießen. Oliven, Peperoni und Krautsalat dazu essen.

SOMMER-BOX

FÜR 1 PORTION
IN 20 MIN. GEMACHT

Das kommt in die Box

› **Feta-Melonen-Spießchen**
Seite 16

› **Mojito-Avocado-Dip**
Seite 24 (halbes Rezept)

Dazu: 4 große Erdbeeren, 2 Grissini, 4 Scheiben luftgetrockneter Schinken, 2 TL Crema di balsamico, Pfeffer

So gehen sie vor

1 Spießchen und Dip zubereiten. Erdbeeren waschen und entkelchen. Die Grissini halbieren und die Stangen mit Schinken umwickeln. Alles in die Fächer der Bento-Box legen, Erdbeeren mit Crema di balsamico beträufeln und pfeffern. Die Box verschließen und vor und nach dem Transport kalt stellen.

2 Zum Lunch alles mit der Hand wegnaschen, dabei die Grissini in den Dip tauchen.

MEZZE-BOX

FÜR 1 PORTION
IN 25 MIN. BEREIT

Das kommt in die Box

› **Mango-Hummus-Dip**
Seite 25 (halbes Rezept)

› **Gefüllte Mini-Paprika**
Seite 26

Dazu: ½ Pita-Brot, 4 Snack-Möhren, 100 g Bio-Salatgurke, 3 gefüllte Weinblätter

So gehen sie vor

1 Dip und Mini-Paprika zubereiten. Pita auftoasten und in kleine Ecken schneiden. Möhren und Gurke waschen, Gurke in dicke Scheiben schneiden. Alles in die Fächer der Bento-Box legen. Die Box verschließen und vor und nach dem Transport kalt stellen.

2 Zum Lunch die Mini-Paprika wegknabbern. Pita-Ecken, Möhren und Gurke in den Hummus dippen. Die Weinblätter dazu genießen.

BROTZEIT-BOX

FÜR 1 PORTION
IN 20 MIN. FERTIG

Das kommt in die Box

› **Reiswaffelbällchen**
Seite 20

› **Deftiger Käseaufstrich**
Seite 39

Dazu: 10 Schnittlauchhalme, 50 g Brie, 5 Cornichons, 2 Scheiben Holzofenbrot

So gehen sie vor

1 Bällchen und Aufstrich zubereiten. Schnittlauch abbrausen, trocken tupfen und in feine Röllchen schneiden. Brie in Stücke schneiden, Brotscheiben halbieren. Alle Zutaten in die Fächer der Bento-Box legen. Box verschließen und vor und nach dem Transport kalt stellen.

2 Zum Lunch den Käseaufstrich auf das Brot streichen und mit Schnittlauch bestreuen. Brie, Bällchen und Cornichons einfach dazu naschen.

FAJITA-BOX

FÜR 1 PORTION
IN 25 MIN. IN DER BOX

Das kommt in die Box

› **Avocado-Garnelen-Wraps**
Seite 50 (ohne Salatdressing und Croûtons)

› **Maissalsa**
Seite 112 (ohne Süßkartoffelpüree)

Dazu: 2 Stängel Koriandergrün, 1 dicke Spalte Bio-Limette

So gehen sie vor

1 Für die Wraps alle Zutaten vorbereiten, aber nicht einrollen. Salsa zubereiten. Koriandergrün abbrausen und trocken tupfen, Blätter abzupfen. Tortillas in der Pfanne erhitzen, zusammenfalten. Alle Zutaten in die Fächer der Bento-Box legen. Die Box verschließen und vor und nach dem Transport kalt stellen.

2 Zum Lunch Tortillas füllen, mit Limettensaft beträufeln, zusammenklappen und gleich aus der Hand genießen.

VEGGIE-POWER-BOX

FÜR 1 PORTION
IN 25 MIN. ON THE ROAD

Das kommt in die Box

- **Energiebällchen**
  Seite 120 (4 Stück)
- **Bagel mit Hummus, Pesto & Mixed Veggies**
  Seite 42

  Dazu: 3 vegetarische Bällchen (z. B. Seitan- oder Falafelbällchen, aus dem Kühlregal, ca. 60 g), 1 EL Öl, 6 bunte Kirschtomaten

So gehen sie vor

1 Am Vortag die Energiebällchen zubereiten. Am nächsten Tag Bagel zubereiten und vierteln, falls er im Ganzen nicht in die Bento-Box passt. Die vegetarischen Bällchen im Öl anbraten, auf Küchenpapier entfetten. Tomaten waschen.

2 Alle Zutaten in die Fächer der Box legen. Box verschließen, vor und nach dem Transport kalt stellen. Alles zum Lunch aus der Hand genießen.

GUTE-LAUNE-BOX

FÜR 1 PORTION
IN 25 MIN. EINSATZBEREIT

Das kommt in die Box

- **Müsli-Nusseckchen**
  Seite 128 (4 Stück)
- **Sommerrollen**
  Seite 22 (halbes Rezept)
- **Obstsalat mit Käse**
  Seite 122

  Dazu: 2 EL Crema di balsamico

So gehen sie vor

1 Am Vortag bereits die Nusseckchen backen. Am nächsten Tag die Sommerrollen und den Obstsalat zubereiten. Alles in die Bento-Box füllen, die Crema di balsamico in ein kleines Schälchen. Box und Schälchen verschließen und vor und nach dem Transport kalt stellen.

2 Zum Lunch die Sommerrollen in Crema di balsamico dippen. Mit dem Obstsalat genießen. Zuletzt die Nusseckchen knabbern.

WOW,
DAS WAR LECKER!

AM LIEBSTEN WÜRDE ICH GLEICH NOCH MAL …

REGISTER VON A–Z

A

Ajvar 14
- Gefüllte Mini-Paprika 26
- Honig-Halloumi-Pita 46
- Marokkanische Gemüsesuppe 82
- Vegetarische Cig-Köfte 30

Antipasti-Quiche, Artischocken- 109
Apfel, Bergkäse & Schinken, Bagel mit 42
Apfel, Couscoussalat mit Avocado & 61
Artischocken-Antipasti-Quiche 109

Avocado 54
- Avocado-Garnelen-Wraps 50
- Couscoussalat mit Avocado & Apfel 61
- Mojito-Avocado-Dip 24
- Pfirsich-Avocado-Caprese 56

B

Bagel, Tortilla & Co. (zum Aufbacken) 34
- Avocado-Garnelen-Wraps 50
- Bagel mit Apfel, Bergkäse & Schinken 42
- Bagel mit Hummus, Pesto & Mixed Veggies 43
- Bagel mit Lachs, Frischkäse & Mango-Chutney 42
- Bagel mit Ziegenfrischkäse, Kaki & Basilikum 43
- Feta-Thunfisch-Wraps 48
- Puten-Piccata-Ciabatta 44

Basilikum, Bagel mit Ziegenfrischkäse, Kaki & 43
Beeren, Käsesalat mit 39
Bergkäse & Schinken, Bagel mit Apfel, 42
Bergkäse, Nudelsalat mit 61
Blätterteig: siehe TK-Blätterteig
Blattspinat: siehe Salat-Mix & Baby-Blattspinat
Bohnen, Matjessalat mit grünen 64
Bohnensalat mit Feta 66
Brokkolisalat mit Pecorino 58
Bruschetta, Knäcke- 36
Buchweizen-Möhren-Bowl 72

C

Caesar-Quinoa-Salatherzen 18
Cantuccini-Müsli 127
Cappelletti-Salat mit Erbsen 68
Caprese, Pfirsich-Avocado- 56
Cheesecake, Smoothie- 124
Chili-Dip, Mexican- 24
Chilihack, Linsensalat mit 113
Chutney, Curryreis mit Nektarinen- 112
Cig-Köfte, Vegetarische 30

Couscous
- Couscous-Steak-Bowl 72
- Couscoussalat mit Avocado & Apfel 61
- Couscoustopf 86
- Gemüsecouscous mit Mojoghurt 114
- Vegetarische Cig-Köfte 30

Crumble, Mango-Kokos- 130
Crunchy-Salat mit Himbeeren 60
Curry-Suppe, Erdnuss- 87
Curryreis mit Nektarinen-Chutney 113

D/E/F

Deftiger Käseaufstrich 39
Energiebällchen 120
Erbsen-Dip, Ziegenkäse- 25
Erbsen-Eintopf, Lauch- 92
Erbsen-Lachs-Quiche 108
Erbsen, Cappelletti-Salat mit 68
Erdnuss-Curry-Suppe 87

Feta
- Bohnensalat mit Feta 66
- Feta-Melonen-Spießchen 16
- Feta-Thunfisch-Wraps 48
- Süßkartoffelauflauf mit Hack 106

Filetpfanne mit Spätzle 110
Flusskrebse, Kartoffelsalat mit 62
Frischkäse: siehe (Ziegen-)Frischkäse
Früchte-Bowl, Milchreis- 73

G

Garnelen-Bowl, Glasnudel- 73
Garnelen-Wraps, Avocado- 50
Garnelen, Mie-Nudelsuppe mit 84
Gazpacho, Grüne 88
Gebeizter Fisch: siehe geräucherter & gebeizter Fisch
Gefüllte Mini-Paprika 26
Gemüsecouscous mit Mojoghurt 114
Gemüsesuppe, Marokkanische 82

Geräucherter & gebeizter Fisch 35
- Bagel mit Lachs, Frischkäse & Mango-Chutney 42
- Kartoffel-Spargel-Suppe 80
- Matjessalat mit grünen Bohnen 64
- Smörgasbord-Aufstrich 38
- Spargelsalat mit Räucherforelle 60

Gewürzmischungen & -pasten (exotisch) 77
- Couscous-Steak-Bowl 72
- Couscoustopf 86
- Curryreis mit Nektarinen-Chutney 113
- Erdnuss-Curry-Suppe 87
- Gemüsecouscous mit Mojoghurt 114
- Glasnudel-Garnelen-Bowl 73
- Käsesalat mit Beeren 39
- Marokkanische Gemüsesuppe 82
- Mie-Nudelsuppe mit Garnelen 84
- Rote-Linsen-Masala 94
- Süßkartoffel-Kokos-Suppe 78
- Süßkartoffelpüree mit Maissalsa 112
- Tomaten-Kichererbsen-Topf 90

Glasnudel-Garnelen-Bowl 73
Glasnudelsalat mit Hack 70
Gnocchi-Auflauf mit Hähnchen 100
Grüne Gazpacho 88
Gurkenschiffchen mit Thunfisch 28

H

Hack, Glasnudelsalat mit 70
Hack, Linsensalat mit Chili- 113
Hack, Süßkartoffelauflauf mit 106
Hafer Crunchy: siehe Müsli & Hafer Crunchy
Hähnchen, Gnocchi-Auflauf mit 100
Halloumi-Pita, Honig- 46
Himbeeren, Crunchy-Salat mit 60
Honig-Halloumi-Pita 46

Honigsenf 54
- Bagel mit Ziegenfrischkäse, Kaki & Basilikum 43
- Brokkolisalat mit Pecorino 58

Couscoussalat mit Avocado & Apfel 61
Crunchy-Salat mit Himbeeren 60
Feta-Thunfisch-Wraps 48
Kartoffelsalat mit Flusskrebsen 62
Nudelsalat mit Bergkäse 61
Smörgasbord-Aufstrich 38
Sommerrollen 22
Spargelsalat mit Räucherforelle 60
Hülsenfrüchte: siehe Mais & Hülsenfrüchte (Dose)
Hummus-Dip, Mango- 25
Hummus, Pesto & Mixed Veggies, Bagel mit 43

J

Joghurt, Quark & Skyr 119
Buchweizen-Möhren-Bowl 72
Cantuccini-Müsli 127
Couscous-Steak-Bowl 72
Gemüsecouscous mit Mojoghurt 114
Käsesalat mit Beeren 39
Krokant-Müsli 127
Smoothie-Cheesecake 124
Smörgasbord-Aufstrich 38
Superfood-Müsli 126
Süßkartoffel-Kokos-Suppe 78
Winter-Müsli 126

K

Kaki & Basilikum, Bagel mit Ziegenfrischkäse 43
Kartoffeln
Kartoffel-Mais-Suppe 86
Kartoffel-Spargel-Suppe 80
Kartoffelsalat mit Flusskrebsen 62
Lauch-Erbsen-Eintopf 92
Matjessalat mit grünen Bohnen 64
Käse, Obstsalat mit 122
Käseaufstrich, Deftiger 39
Käsesalat mit Beeren 39
Kerne: siehe Nüsse, Mandeln & Kerne
Kichererbsen-Topf, Tomaten- 90
Kirschtomaten 15
Bohnensalat mit Feta 66
Brokkolisalat mit Pecorino 58
Caesar-Quinoa-Salatherzen 18
Couscous-Steak-Bowl 72
Feta-Melonen-Spießchen 16
Gemüsecouscous mit Mojoghurt 114
Knäcke-Bruschetta 36
Linsensalat mit Chilihack 113
Mie-Nudelsuppe mit Garnelen 84
Süßkartoffelauflauf mit Hack 106
Ziegenkäse-Spinat-Quiche 108
Knäcke-Bruschetta 36
Köfte, Vegetarische Cig- 30
Kokos-Crumble, Mango- 130
Kokos-Suppe, Süßkartoffel- 78
Krokant-Müsli 127

L

Lachs-Quiche, Erbsen- 108
Lachs, Frischkäse & Mango-Chutney, Bagel mit 42
Lasagne, Lauch- 104
Lauch-Erbsen-Eintopf 92
Lauch-Quiche, Trauben- 109
Lauchlasagne 104
Linsen-Masala, Rote- 94
Linsensalat mit Chilihack 113

M

Mais & Hülsenfrüchte (Dose) 76
Bohnensalat mit Feta 66
Gurkenschiffchen mit Thunfisch 28
Kartoffel-Mais-Suppe 86
Linsensalat mit Chilihack 113
Mango-Hummus-Dip 25
Mexican-Chili-Dip 24
Süßkartoffelpüree mit Maissalsa 112
Tomaten-Kichererbsen-Topf 90
Mandeln: siehe Nüsse, Mandeln & Kerne
Mango-Chutney, Bagel mit Lachs, Frischkäse & 42
Mango-Hummus-Dip 25
Mango-Kokos-Crumble 130
Marokkanische Gemüsesuppe 82
Masala, Rote-Linsen- 94
Matjessalat mit grünen Bohnen 64
Maultaschen-Auflauf, Veggie- 102
Melonen-Spießchen, Feta- 16
Mexican-Chili-Dip 24
Mie-Nudelsuppe mit Garnelen 84
Milchreis-Früchte-Bowl 73
Mini-Paprika, Gefüllte 26
Mixed Veggies, Bagel mit Hummus, Pesto & 43
Möhren-Bowl, Buchweizen- 72
Mojito-Avocado-Dip 24
Mojoghurt, Gemüsecouscous mit 114
Mozzarella
Knäcke-Bruschetta 36
Pfirsich-Avocado-Caprese 56
Müsli & Hafer Crunchy 118
Cantuccini-Müsli 127
Crunchy-Salat mit Himbeeren 60
Energiebällchen 120
Krokant-Müsli 127
Milchreis-Früchte-Bowl 73
Müsli-Nusseckchen 128
Superfood-Müsli 126
Winter-Müsli 126

N

Nektarinen-Chutney, Curryreis mit 113
Nudelsalat mit Bergkäse 61
Nudelsuppe mit Garnelen, Mie- 84
Nüsse, Mandeln & Kerne 119
Bohnensalat mit Feta 66
Curryreis mit Nektarinen-Chutney 113
Deftiger Käseaufstrich 39
Energiebällchen 120
Erdnuss-Curry-Suppe 87
Glasnudel-Garnelen-Bowl 73
Glasnudelsalat mit Hack 70
Käsesalat mit Beeren 39
Krokant-Müsli 127
Müsli-Nusseckchen 128
Nudelsalat mit Bergkäse 61
Obstsalat mit Käse 122
Teigtaschen mit Pecorino-Fresh-Mix 112
Vegetarische Cig-Köfte 30

O/P/Q

Obstsalat mit Käse 122
Panino (zum Aufbacken): siehe Bagel, Tortilla & Co.
Paprika, Gefüllte Mini- 26
Pecorino-Fresh-Mix, Teigtaschen mit 112
Pecorino, Brokkolisalat mit 58
Pesto 99
Artischocken-Antipasti-Quiche 109
Bagel mit Hummus, Pesto & Mixed Veggies 43
Gnocchi-Auflauf mit Hähnchen 100
Lauch-Erbsen-Eintopf 92
Puten-Piccata-Ciabatta 44
Veggie-Maultaschen-Auflauf 102
Pfirsich-Avocado-Caprese 56

Physalis: Knäcke-Bruschetta 36
Piccata-Panino, Puten- 44
Pita, Honig-Halloumi- 46
Puten-Piccata-Ciabatta 44
Quark: siehe Joghurt, Quark & Skyr
Quinoa-Salatherzen, Caesar- 18

R

Räucherfisch: siehe geräucherter & gebeizter Fisch
Reibekäse 98
Gnocchi-Auflauf mit Hähnchen 100
Lauchlasagne 104
Puten-Piccata-Ciabatta 44
Süßkartoffelpüree mit Maissalsa 112
Trauben-Lauch-Quiche 109
Veggie-Maultaschen-Auflauf 102
Reispapierblätter: Sommerrollen 22
Reiswaffelbällchen 20
Rindfleisch
Couscous-Steak-Bowl 72
Linsensalat mit Chilihack 113
Rote-Linsen-Masala 94

S

Salat-Mix & Baby-Blattspinat 55
Bagel mit Hummus, Pesto & Mixed Veggies 43
Buchweizen-Möhren-Bowl 72
Cappelletti-Salat mit Erbsen 68
Couscous-Steak-Bowl 72
Couscoussalat mit Avocado & Apfel 61
Crunchy-Salat mit Himbeeren 60
Feta-Thunfisch-Wraps 48
Schinken-Spiegelei-Ecke 40
Sommerrollen 22
Salatdressing Sylter Art 14
Avocado-Garnelen-Wraps 50
Caesar-Quinoa-Salatherzen 18
Gurkenschiffchen mit Thunfisch 28
Käsesalat mit Beeren 39
Salatherzen 15
Avocado-Garnelen-Wraps 50
Bagel mit Apfel, Bergkäse & Schinken 42
Bagel mit Ziegenfrischkäse, Kaki & Basilikum 43
Caesar-Quinoa-Salatherzen 18
Spargelsalat mit Räucherforelle 60
Salatkern-Mix 55
Bagel mit Apfel, Bergkäse & Schinken 42
Brokkolisalat mit Pecorino 58
Cappelletti-Salat mit Erbsen 68
Couscoussalat mit Avocado & Apfel 61
Spargelsalat mit Räucherforelle 60
Salsa, Süßkartoffelpüree mit Mais- 112
Schafskäse: siehe Feta
Schinken-Spiegelei-Ecke 40
Schinken, Bagel mit Apfel, Bergkäse & 42
Schweinefilet: Filetpfanne mit Spätzle 110
Skyr: siehe Joghurt, Quark & Skyr
Smoothies 118
Energiebällchen 120
Milchreis-Früchte-Bowl 73
Smoothie-Cheesecake 124
Superfood-Müsli 126
Smörgasbord-Aufstrich 38
Sommerrollen 22
Spargel
Filetpfanne mit Spätzle 110
Kartoffel-Spargel-Suppe 80
Spargelsalat mit Räucherforelle 60
Spätzle, Filetpfanne mit 110
Spiegelei-Ecke, Schinken- 40
Spinat-Quiche, Ziegenkäse- 108
Steak-Bowl, Couscous- 72
Stückige Tomaten (Dose) 76
Marokkanische Gemüsesuppe 82
Süßkartoffelauflauf mit Hack 106
Tomaten-Kichererbsen-Topf 90
Veggie-Maultaschen-Auflauf 102
Superfood-Müsli 126
Suppengemüse: siehe TK-Suppengemüse
Süßkartoffel-Kokos-Suppe 78
Süßkartoffelauflauf mit Hack 106
Süßkartoffelpüree mit Maissalsa 112

T

Tahin: Mango-Hummus-Dip 25
Teigtaschen (Kühlregal) 98
Cappelletti-Salat mit Erbsen 68
Teigtaschen mit Pecorino-Fresh-Mix 112
Veggie-Maultaschen-Auflauf 102
Thunfisch-Wraps, Feta- 48
Thunfisch, Gurkenschiffchen mit 28
TK-Blätterteig 99
Artischocken-Antipasti-Quiche 109
Erbsen-Lachs-Quiche 108
Ziegenkäse-Spinat-Quiche 108
TK-Suppengemüse 77
Erdnuss-Curry-Suppe 87
Kartoffel-Spargel-Suppe 80
Marokkanische Gemüsesuppe 82
Rote-Linsen-Masala 94
Süßkartoffel-Kokos-Suppe 78
Tomaten-Kichererbsen-Topf 90
Tortilla (zum Aufbacken): siehe Bagel, Tortilla & Co.
Trauben-Lauch-Quiche 109

V/W/Z

Vegetarische Cig-Köfte 30
Veggie-Maultaschen-Auflauf 102
Vietnamsuppe 87
Winter-Müsli 126
Wraps (zum Aufbacken): siehe Bagel, Tortilla & Co
Wurstaufschnitt (mager) 35
Bagel mit Apfel, Bergkäse & Schinken 42
Bagel mit Ziegenfrischkäse, Kaki & Basilikum 43
Caesar-Quinoa-Salatherzen 18
Couscoussalat mit Avocado & Apfel 61
Crunchy-Salat mit Himbeeren 60
Schinken-Spiegelei-Ecke 40
Sommerrollen 22
Vietnamsuppe 87
Wurstsalat 38
(Ziegen-)Frischkäse 34
Bagel mit Lachs, Frischkäse & Mango-Chutney 42
Bagel mit Ziegenfrischkäse, Kaki & Basilikum 43
Crunchy-Salat mit Himbeeren 60
Deftiger Käseaufstrich 39
Gefüllte Mini-Paprika 26
Kartoffel-Spargel-Suppe 80
Krokant-Müsli 127
Lauchlasagne 104
Smoothie-Cheesecake 124
Ziegenkäse-Erbsen-Dip 25
Ziegenkäse-Spinat-Quiche 108

Appetit auf mehr?

ISBN 978-3-8338-6159-8

ISBN 978-3-8338-2627-6

ISBN 978-3-8338-5017-2

ISBN 978-3-8338-5882-6

ISBN 978-3-8338-6154-3

ISBN 978-3-8338-6461-2

e Alle hier vorgestellten Bücher sind auch als eBook erhältlich.

G|U
Willkommen im Leben.

Mehr von GU auf **www.gu.de** und
facebook.com/gu.verlag

IMPRESSUM

© Food & Nude Photography

Der Autor

Martin Kintrup kochte und backte schon während seines Studiums leidenschaftlich gerne. Inzwischen hat er seine Lust am Kochen, Essen und Genießen zum Beruf gemacht. Als Autor und Redakteur arbeitet er für mehrere Verlage und hat schon zahlreiche Kochbücher geschrieben. Für einen frischen, gesunden und bequemen Mittagstisch packt er mit seinen genial-einfachen Rezepten das Beste in die Lunch-Box.

Die Fotografin

Coco Lang fotografiert Food und Stills in ihrem Werkstattstudio direkt am Münchner Viktualienmarkt. Mit kreativem Elan geht sie ans Werk und beeindruckt immer wieder mit überraschenden Ideen und feinem Gespür fürs Detail. Für dieses Buch hat sie gemeinsam mit Foodstylist **Sven Dittmann, Ina Erdmann** (Requisite) und **Larissa Strachwitz** (Assistenz) die Lunch-Boxen bunt gefüllt und ins rechte Licht gerückt.

Bildnachweis
Alle Fotos: **Coco Lang,**
außer Autorenfoto:
Food & Nude Photography

Projektleitung:
Sigrid Burghard

Lektorat, Satz/DTP, Gestaltung:
Redaktionsbüro Christina Geiger, München, www.schönseitig.de

Umschlag und Gestaltung:
independent Medien-Design, Horst Moser, München

Fotografie: **Coco Lang**
Foodstyling: **Sven Dittmann**
Requisite: **Ina Erdmann**
Assistenz: **Larissa Strachwitz**
Bildbearbeitung: **SONGVAN**

Korrektorat:
Ulrike Wagner

Herstellung:
Renate Hutt

Repro:
Longo AG, Bozen

Druck und Bindung:
Printer Trento S.r.l, Trento

Syndication:
www.seasons.agency

ISBN 978-3-8338-6457-5
1. Auflage 2018

www.facebook.com/gu.verlag

GRÄFE UND UNZER

Ein Unternehmen der
GANSKE VERLAGSGRUPPE

QUALITÄTS GU GARANTIE

Liebe Leserin, lieber Leser,

haben wir Ihre Erwartungen erfüllt? Sind Sie mit diesem Buch zufrieden? Haben Sie weitere Fragen zu diesem Thema? Wir freuen uns auf Ihre Rückmeldung, auf Lob, Kritik und Anregungen, damit wir für Sie immer besser werden können.

GRÄFE UND UNZER Verlag
Leserservice
Postfach 86 03 13
81630 München
E-Mail:
leserservice@graefe-und-unzer.de

Telefon: 00800 / 72 37 33 33*
Telefax: 00800 / 50 12 05 44*
Mo–Do: 9.00 – 17.00 Uhr
Fr: 9.00 – 16.00 Uhr
(gebührenfrei in D, A, CH)*

Ihr GRÄFE UND UNZER Verlag
Der erste Ratgeberverlag – seit 1722.

Backofenhinweis
Die Backzeiten können je nach Herd variieren. Die Temperaturangaben beziehen sich auf das Backen im Elektroherd mit Ober- und Unterhitze und können bei Gasherden oder Backen mit Umluft abweichen. Details entnehmen Sie bitte Ihrer Gebrauchsanweisung.

AUS DEM BACKREGAL

- ___ BITTERMANDELAROMA
- ___ BOURBON-VANILLEZUCKER
- ___ KOKOS (CHIPS, RASPEL)
- ___ MEHL (WEIZENMEHL TYPE 405)
- ___ SOFORT-GELATINE
- ___ SPEISESTÄRKE
- ___ ZUCKER (ROHROHRZUCKER, WEISS)
- ___ ZUCKERPERLEN (BUNT)

SÜSSES

- ___ APRIKOSENKONFITÜRE
- ___ HONIG
- ___ LEMON CURD
- ___ ZARTBITTER-SCHOKOLADE

AUS DOSE, GLAS & TUBE

- ___ ARTISCHOCKENHERZEN
- ___ CORNICHONS
- ___ ERDNUSSMUS
- ___ GRILLPAPRIKA
- ___ GURKENSALAT (DÄNISCH)
- ___ HÜLSENFRÜCHTE (KICHERERBSEN, KIDNEYBOHNEN, LINSEN, WEISSE RIESENBOHNEN)
- ___ HUMMUS
- ___ KAPERN
- ___ MAIS
- ___ MANGO-CHUTNEY
- ___ MEERRETTICH
- ___ OLIVEN (OHNE STEIN)
- ___ PEPERONI
- ___ ROTE-BETE-SCHEIBEN
- ___ SALATCREME (LEICHTE)
- ___ SALATDRESSING SYLTER ART
- ___ SILBERZWIEBELN
- ___ TAHIN (SESAMPASTE)
- ___ THUNFISCH (IM EIGENEN SAFT)
- ___ TOMATEN (GETROCKNET, IN ÖL, STÜCKIG)
- ___ TOMATENMARK
- ___ WEINBLÄTTER (GEFÜLLT)
- ___ ZWIEBEL-RELISH

TEIGWAREN, REIS, GETREIDE & CO.

- ___ BUCHWEIZEN-BULGUR
- ___ COUSCOUS
- ___ HAFER CRUNCHY
- ___ HAFERFLOCKEN (BLÜTENZART)
- ___ MÜSLI-MISCHUNGEN (5-KORN-MÜSLI, NUSSMÜSLI)
- ___ NUDELN (CASARECCE/GHIOTTOLE/FUSILLI, LASAGNEPLATTEN OHNE VORKOCHEN, GLASNUDELN, MIE-NUDELN)
- ___ QUINOA (BUNT, POPS)
- ___ REIS (BASMATIREIS, MIKROWELLEN-BASMATIREIS, MINUTEN-MILCHREIS)

NÜSSE, SAMEN, TROCKENFRÜCHTE

- ___ BANANENCHIPS
- ___ CASHEWKERNE
- ___ CRANBERRYS
- ___ ERDNUSSKERNE
- ___ GOJI-BEEREN
- ___ HASELNUSSKERNE (GANZ, GEMAHLEN)
- ___ MACADAMIANUSSKERNE (GESALZEN)
- ___ MANDELN (GANZ, STIFTE)
- ___ PEKANNUSSKERNE
- ___ PINIENKERNE
- ___ ROSINEN
- ___ SALATKERN-MIX
- ___ WALNUSSKERNE

KRÄUTER & CO.

- ___ BASILIKUM
- ___ CHILISCHOTEN (GRÜN, ROT)
- ___ KORIANDERGRÜN
- ___ KRESSE
- ___ MINZE
- ___ PETERSILIE
- ___ ROSMARIN
- ___ RUCOLA
- ___ SCHNITTLAUCH

OBST, GEMÜSE & CO.

- ___ ÄPFEL
- ___ AVOCADOS
- ___ BABY-BLATTSPINAT
- ___ BANANEN
- ___ BEEREN (BROMBEEREN, ERDBEEREN, HEIDELBEEREN, HIMBEEREN)
- ___ BOHNEN (GRÜN)
- ___ BROKKOLI
- ___ FEIGEN
- ___ FENCHEL
- ___ FRÜHLINGSZWIEBELN
- ___ KAKIS
- ___ KARTOFFELN (DRILLINGE, FESTKOCHEND, VORWIEGEND FESTKOCHEND)
- ___ KRÄUTERSEITLINGE
- ___ LIMETTEN
- ___ MANDARINEN
- ___ MÖHREN (GANZ, GEMÜSE-NUDELN, SNACK-MÖHREN, STIFTE)
- ___ NEKTARINEN
- ___ PAPRIKAS (BUNT, GELB, GRÜN, ORANGE, ROT, MINI)
- ___ PFIRSICHE
- ___ PFLAUMEN (GELB)
- ___ PHYSALIS
- ___ RADIESCHEN
- ___ SALAT (FELDSALAT, RADICCHIO, RÖMERSALATHERZBLÄTTER, SALAT-MIX, SALATHERZEN)
- ___ SALATGURKE (BIO)
- ___ SPARGEL (GRÜN)
- ___ SPITZKOHL
- ___ SÜSSKARTOFFELN
- ___ TOMATEN (BUNT, KIRSCHTOMATEN)
- ___ WASSERMELONE
- ___ WEINTRAUBEN (KERNLOS, BLAU, ROSÉ)
- ___ ZUCCHINI
- ___ ZWIEBELN (ROT)

WÜRZPASTEN & CO.

- ___ AJVAR
- ___ CURRYPASTE (GELB)
- ___ PESTO (ALLA GENOVESE, BÄRLAUCH, ROSSO)
- ___ SAMBAL OELEK
- ___ SENF (DIJON-SENF, HONIGSENF, KÖRNIG, MITTELSCHARF, SÜSS)
- ___ SOJASAUCE

GEWÜRZE

- CAYENNEPFEFFER
- CURRYPULVER
- GARAM MASALA
- INGWERPULVER
- KRÄUTER DER PROVENCE (GETROCKNET)
- KREUZKÜMMEL (GEMAHLEN)
- KÜMMEL (GANZ, GEMAHLEN)
- PAPRIKAPULVER (EDELSÜSS, ROSENSCHARF)
- PFEFFER
- RAS EL HANOUT
- TAJINE-GEWÜRZMISCHUNG
- WACHOLDERBEEREN
- ZIMTPULVER

KÜHLREGAL

- BUTTER (MIT KRÄUTERN)
- CRÈME FRAÎCHE
- JOGHURT (GRIECHISCH, ZIEGENJOGHURT)
- MILCH
- QUARK (20 % FETT I. TR., MIT KRÄUTERN)
- SALATE (HIRTENSALAT, KRAUTSALAT)
- SCHMAND
- SKYR
- TEIGWAREN (FRISCH, GEFÜLLT, CAPPELLETTI, GNOCCHI, RAVIOLI, SPÄTZLE, TORTELLINI, VEGETARISCHE MAULTASCHEN)
- VEGETARISCHE BÄLLCHEN (FALAFELBÄLLCHEN, SEITANBÄLLCHEN)

FISCHTHEKE

- FLUSSKREBSSCHWÄNZE (GESCHÄLT, GEGART)
- FORELLENFILET (GERÄUCHERT)
- FORELLENKAVIAR
- GARNELEN (GESCHÄLT)
- GRAVED LACHS
- MATJESFILET

TIEFKÜHLTRUHE (TK)

- BLÄTTERTEIG
- BLATTSPINAT (NICHT ZU BLÖCKEN GEPRESST)
- ERBSEN
- GARNELEN (GESCHÄLT)
- INGWER
- KRÄUTER (DILL, PETERSILIE, ITALIENISCHE MISCHUNG, 6-KRÄUTER-MISCHUNG)
- LACHSFILET
- LAUCH
- MANGO
- SUPPENGEMÜSE
- ZWIEBEL-DUO

WURST- & FLEISCHTHEKE

- AUFSCHNITT (HÄHNCHENBRUST, LYONER, PUTENBRUST, ROASTBEEF, SALAMI, SCHINKEN, SCHINKENWURST FEIN)
- HACKFLEISCH (GEMISCHT, RIND)
- HÄHNCHENBRUSTFILET
- PUTENMEDAILLONS
- RINDERHÜFTSTEAK
- SCHINKEN (GEKOCHT, LUFTGETROCKNET, ROH, SCHEIBEN, STÜCK, RINDERSAFTSCHINKEN)
- SCHINKENWÜRFEL (MAGER)
- SCHWEINEFILET
- SCHWEINEMETT
- WÜRSTE (BRATWÜRSTE GROB, CABANOSSI, DEBREZINER, METTWÜRSTCHEN)

KÄSETHEKE

- BERGKÄSE (STÜCK)
- BRIE
- FRISCHKÄSE (MIT JOGHURT)
- HALLOUMI
- MOZZARELLA (MINI)
- PARMESAN (STÜCK)
- PECORINO (STÜCK)
- REIBEKÄSE (CHEDDAR, EMMENTALER, GRATINKÄSE, PARMESAN)
- SCHAFSKÄSE (FETA)
- ZIEGENFRISCHKÄSE (FEST)

DIVERSES

- AUFBACKWARE (BAGEL, CIABATTA, WEIZENTORTILLAS WEICH/22 CM Ø)
- BROT/BRÖTCHEN (SCHEIBEN, BAUERNBROT, CIABATTA-BROT, HOLZOFENBROT, KNÄCKEBROT, LAUGENECKE MIT MOHN/SESAM/KÖRNERN, PITA-BROT, ROGGENBROT, TÜRKISCHES FLADENBROT, VOLLKORNBROT)
- BROTCHIPS
- BRÜHE (GEMÜSEBRÜHE, INSTANT)
- CROÛTONS
- EIER (M)
- ESSIG (ACETO BALSAMICO, ACETO BALSAMICO BIANCO, CREMA DI BALSAMICO, ROTWEINESSIG)
- GRISSINI
- KAFFEEPULVER (LÖSLICH)
- KARTOFFELFLOCKEN (FÜR KARTOFFELPÜREE ODER STAMPFKARTOFFELN)
- KEKSE (CANTUCCINI, HAFERKEKSE, SPEKULATIUS)
- KOKOSMILCH
- LINSEN (ROT)
- MATCHAPULVER
- ÖL (OLIVENÖL, RAPSÖL, GERÖSTETES SESAMÖL, SONNENBLUMENÖL, WALNUSSÖL)
- PFEFFERMINZTEE (BEUTEL)
- REISPAPIERBLÄTTER (RUND, 22 CM Ø)
- REISWAFFELN
- RÖSTZWIEBELN
- SALZ

SÄFTE

- SMOOTHIE (CHIA, FRUCHT, GELB, ROT, MIT MARACUJA)
- LIMETTENSAFT
- ORANGENSAFT
- ROTE-BETE-SAFT
- ZITRONENSAFT

Auch zum Download auf www.gu.de/kochenfuerfaule